JOSEF KIRSCHNER

# DIE SPIELE DES LEBENS

JOSEF KIRSCHNER

*Anleitungen fürs Leben*

*Vier Bücher – ein Programm*

*Die Egoisten-Bibel*
Zuerst ich, dann die anderen

*Das Egoisten-Training*
Glaube keinem, nur Dir selbst

*Das Partner-Training*
Zuerst allein, dann gemeinsam

*Die Spiele des Lebens*
Wer kämpft, hat schon verloren

JOSEF
KIRSCHNER

*Wer kämpft, hat schon verloren*

# DIE SPIELE DES LEBENS

*Vom Autor des Bestsellers
Egoisten-Bibel*

HERBIG

Besuchen Sie uns im Internet unter
http://www.herbig.net

Gedruckt auf chlorfrei gebleichtem Papier


Schutzumschlaggestaltung: Wolfgang Heinzel
Satz: Filmsatz Schröter GmbH, München
Gesetzt aus 11,5/15 Optima
Druck und Binden: GGP Media, Pößneck
Printed in Germany
ISBN 3-7766-2297-0

*»Dein ganzes Leben ist ein manipulatives Spiel, das Du manchmal gewinnst und manchmal verlierst. Du trainierst die Regeln dieses Spiels, um es möglichst oft zu gewinnen.«*

*Aus »Die Egoisten-Bibel«*

## *Inhalt*

## *Warum die Kämpfer immer die Verlierer sind. Auch dann, wenn sie als Sieger Triumphe feiern*

Liebe Leser, um das Spiel Ihres Lebens zu spielen, haben Sie immer zwei Möglichkeiten:

- Entweder Sie spielen mit.
- Oder Sie überlassen es anderen, ihr Spiel mit Ihnen zu treiben.

Wenn Sie das Spiel Ihres Lebens anderen überlassen, verzichten Sie von vorneherein auf die Chance, aus eigener Kraft möglichst frei und glücklich zu sein. Vielleicht sind Sie ab und zu ein bisschen glücklich. Ein bisschen. Aber nur so viel, wie andere oder der Zufall es zulassen.

Wenn Sie zu diesen Leuten gehören sollten: Trösten Sie sich, Sie sind Teil der großen Masse. Oder – um es freundlicher auszudrücken – Sie gehören zur Sorte von Sportsfreunden, die zu Olympischen Spielen reisen, mit keinem anderen Gedanken im Kopf als: »Dabeisein ist alles.«

In Wahrheit sind Sie natürlich nicht nur dabei. Sie haben eine wichtige Funktion. Sie sind das Kanonenfutter für die Sieger. Denn ohne Verlierer kann es keine Sieger geben.

Sieger und Verlierer im Kampf um Geld, Macht, Anerkennung und die Medaillen, die in den Wettkämpfen des Lebens unentwegt verteilt werden, haben eines gemeinsam: Sie haben den Kampf schon verloren, noch ehe er beendet ist.

Sie haben den Kampf verloren, weil jeder, der kämpft, dem Gesetz der Niederlage unterliegt. Es lautet: Jeder Sieger wird solange gejagt, bis er von jemandem besiegt wird, der besser ist. Irgendwann und irgendwo trifft jeder Sieger auf einen Widersacher, der ihn auf die Matte legt.

Am Ende dieser sich unendlich wiederholenden Geschichte ist jemand, der von vorneherein als Verlierer antritt, immer noch besser dran, als ein gedemütigter Sieger, der sich verzweifelt fragt: »Verdammt noch einmal. Wozu habe ich alles das auf mich genommen, wenn ich jetzt genau dort gelandet bin, wo ich niemals enden wollte?«

Jetzt wissen Sie also, was der Satz bedeuten soll: Wer kämpft, hat schon verloren. »Aber was«, werden Sie jetzt zweifelnd fragen, »was wäre die bessere Alternative zu diesem altbewährten Ritual des ewigen Kämpfens?« Ganz einfach: Die bessere Alternative zum Kampf wäre das Spiel.

Der Kämpfer kämpft, um zu siegen. Aber wenn er endlich gesiegt hat, ist er auf Gedeih und Verderb dem Kreislauf aller Sieger ausgeliefert: Er wird bewundert, gefeiert, benützt und von all denen angetrieben, die von seinem Einsatz profitieren. Allerdings nur solange, wie er weiter siegt.

Der Kämpfer kämpft nicht für sich selbst. Er kämpft für alle anderen, die daran interessiert sind. Natürlich kämpft er auch für die Zuschauer, die jemanden brauchen, der sie durch seine Heldentaten vergessen lässt, dass sie selbst Versager sind.

Und der Spieler?

Nun, der Spieler tritt mit der Einstellung an, zu spielen statt zu kämpfen. Er weiß: »Wer nicht aufhört zu spielen, kann nie verlieren.« Sein Sieg besteht nicht darin, unter dem Jubel der Menge einen Gegner niederzuringen. Der Spieler kämpft weder für noch gegen jemanden. Er entscheidet selbst, ob er und gegen wen er spielt und welche Strategie er anwendet.

Der Spieler, der wahre Spieler, besiegt immer nur sich selbst. Sein größter Sieg besteht darin, den Wunsch zu besiegen, einen Gegner zu demütigen, um sich selbst zu erhöhen. Sein Glück besteht darin, auch in der Niederlage glücklich zu sein.

Lassen Sie mich diesen Satz noch einmal niederschreiben, falls Sie ihn verständnislos überlesen haben sollten: Das Glück des wahren Spielers besteht darin, auch in der Niederlage glücklich zu sein.

Dies bedeutet, dass es für ihn gar keine Niederlage gibt, weil es völlig gleichgültig ist, ob ihn irgendjemand bewundert oder nicht. Er spielt um des Spielens willen und kämpft nicht, um anderen etwas zu beweisen.

Der wahre Spieler ruht in sich selbst.

Vermutlich haben Sie einige Schwierigkeiten, solchen Überlegungen zu folgen – in einer Zeit, in der kaum noch jemand das Leben als Spiel betrachtet, sondern nur noch als das, was man gemeinhin unter »Lebenskampf« versteht.

Dieses Buch handelt von 14 gängigen Lebensspielen und wie man sie gewinnt – oder mit Anstand verliert.

Niemand erwartet von Ihnen, dass Sie sich irgendwann im Laufe der Lektüre ernsthaft fragen: »Zu welchem Typ von Mensch gehöre eigentlich ich selbst. Zu den Kämpfern oder Spielern, den Verlierern oder Versagern?« Aber – auch wenn Sie es als hinterhältig empfinden – es ist Bestandteil des Spiels, in das dieses Buch Sie einzubeziehen versucht, sich nüchtern der Situation Ihres augenblicklichen Lebens zu stellen.

Vielleicht wird Ihnen dann bewusst, dass Sie selbst ein Teil dieses Kampfes sind, dem sich niemand entziehen kann. Es sei denn, er beschließt, sich auf die Seite der Spieler zu schlagen.

Niemand erwartet auch, dass Sie davon träumen, wie friedlich diese Welt eigentlich sein könnte, wenn genügend Menschen die Entscheidung fällten: »Stell Dir vor, es ist Krieg, und wir gehen nicht hin.« Nur Träumer geben sich solchen Illusionen hin. Was allerdings sollte Sie daran hindern, für sich selbst diesen Traum zu Ende zu denken, wenn Sie auf dem Schlachtfeld des täglichen Lebenskampfes ein wenig Zeit für solche Gedanken erübrigen können.

## *Dreizehn Regeln, ein Spiel zu gewinnen*

1. Im Spiel des Lebens ist jeder Ihr Gegner, wenn er nicht gerade Ihr Partner ist.
2. Wenn Sie das Spiel gegen sich selbst gewinnen, brauchen Sie keinen Gegner zu besiegen.
3. Wenn Sie nicht an den Sieg glauben, dürfen Sie sich nicht wundern, wenn Sie jedes Spiel verlieren.
4. Spielen Sie Ihre größte Stärke aus, wenn der Gegner seine größte Schwäche zeigt. Das setzt allerdings voraus, dass Sie geduldig warten können, bis der richtige Augenblick gekommen ist.
5. Der wahre Sieger gewinnt ein Spiel auch dann, wenn er es in den Augen anderer verliert.
6. Die besten Chancen haben Sie, wenn Sie den Gegner genauso gut kennen, wie sich selbst.
7. Der Maßstab Ihres Sieges ist das Ergebnis des Spiels, gemessen an dem Ziel, das Sie sich gesteckt haben. Es gibt keine noch so überzeugende Ausrede, mit der Sie Ihr Versagen rechtfertigen sollten.
8. Tanzen Sie mit dem Gegner, aber bestimmen Sie den Rhythmus selbst.
9. Wenn sich der Gegner als übermächtig erweist, besteht Ihr Sieg nicht im heldenhaften Untergang, sondern im geordneten Rückzug.

10. Verlassen Sie sich im Spiel des Lebens auf niemand anderen, als auf sich selbst.

11. Wenn Sie auch in der Niederlage siegen können, ist es nicht notwendig, nach einem Sieg über den Gegner zu triumphieren.

12. Spielen Sie die Spiele des Lebens erst dann, wenn Sie aufgehört haben, für andere zu kämpfen.

13. Im Kampf sind Sie gezwungen, sich dem Gegner zu stellen. Im Spiel lassen Sie ihn so lange ins Leere laufen, bis er gerade noch die Kraft besitzt, Ihnen die Hand zur Versöhnung zu reichen.

## *Die stärkste Kraft im Lebensspiel ist die Fähigkeit, auf jeden Kampf verzichten zu können*

Wenn Sie sich jemals dazu entschließen könnten, das ewige Kämpfen nach Mehr, Besser und Schneller aufzugeben und Ihr ganzes Leben als Spiel zu betrachten, sollten Sie die Schnittstelle kennen, an der die Entscheidung fällt: Kämpfe oder spiele ich?

Als der preußische Militärstratege General Carl von Clausewitz Anfang des 19. Jahrhunderts sein Werk »Vom Kriege« schrieb, fand er die legendär gewordene Formel: »Der Krieg ist die Fortsetzung der Diplomatie mit anderen Mitteln.« In anderen Worten: Wenn Sie jemanden nicht überzeugen können, gebrauchen Sie eben Gewalt. Daraus können Sie unschwer schließen, dass der General wohl nie ein guter Spieler geworden wäre.

Das Wesen des Spielens ist die Entschlossenheit, es unter keinen Umständen zum Kampf kommen zu lassen. Das setzt allerdings voraus, dass Sie sich lange und eindringlich genug mit jener Fähigkeit vertraut gemacht haben, die Sie unbesiegbar macht: mit der Kraft des Verzichtens.

Um eine Sache zu kämpfen bedeutet nicht, auf etwas zu verzichten, das Sie unbedingt besitzen wollen. Je mehr Sie sich in dieses Vorhaben verstricken, umso mehr steigt Ihre Bereitschaft zur Gewalt. In welcher Form auch immer.

Fast immer geht es dann nicht mehr um die eine Sache allein, derentwillen Sie angetreten sind. Sie kämpfen zusätzlich auch noch um Ihre Ehre, Ihren Stolz und um die Anerkennung der Leute, denen Sie etwas beweisen wollen.

Irgendwann einmal kommt dann der Zeitpunkt, an dem so viele Ehen scheitern: Die Illusion vom Spiel der ewigen Liebe und Treue zerbricht an der Unfähigkeit, auf alles das verzichten zu wollen, was ihrer Erfüllung im Wege steht.

Der Kampf ist programmiert. Wie er meistens endet, darüber können Sie täglich in den Zeitschriften lesen. Falls Sie nicht gerade selbst das Opfer eines Ehekrieges sind.

Wenn einmal die Entscheidung zum Kämpfen gefallen ist, hat im Kopf des Kämpfers nur noch *ein* Gedanke Platz: »Ich will siegen. Wenn es sein muss, um jeden Preis.« Der Spieler, der wahre Spieler im Spiel des Lebens erringt seinen Sieg mit einer ganz anderen Entscheidung. Sie lautet: »Was ich nicht spielerisch erringen kann, darauf verzichte ich leichten Herzens.«

Wenn hier so viel von Kämpfen die Rede ist, sind Sie vermutlich in Versuchung, sich in das beliebte Argument zu flüchten: »Damit habe ich selbst nichts zu tun. Das schaue ich mir lieber im Fernsehen an.«

Geben Sie sich keiner Täuschung hin: Die wahren Kriegsschauplätze werden uns nicht auf dem Bildschirm gezeigt – sie befinden sich in uns selbst. In unseren Köpfen. Und nicht selten sind wir unser eigener unerbittlichster Feind.

Haben Sie sich das noch niemals bewusst gemacht?

Wir kämpfen dagegen, so zu sein, wie wir wirklich sind. Und warum? Weil wir nicht darauf verzichten können, so sein zu wollen, wie man es von uns erwartet. Statt ganz einfach nur zu beschließen: »Ich bin am glücklichsten so, wie ich bin. Warum sollte ich ein Leben lang darum kämpfen, anders zu sein?«

Kämpfe oder spiele ich? Das ist die Frage, die Sie nicht unbeantwortet lassen sollten, wenn Sie die Absicht haben, sich mit den folgenden 14 Spielvarianten des Lebens näher zu beschäftigen. Ihre Antwort auf diese einfache Frage, gibt Ihnen Auskunft darüber, zu welcher der drei Klassen unserer Gesellschaft Sie sich zählen dürfen:

- Zur großen Masse der Dummen, die selbst nicht wissen, was sie wollen und deshalb ständig nach jemanden suchen, der ihnen sagt, wofür es sich angeblich zu kämpfen lohnt.
- Zur Kaste der Schlauen, die andere für sich kämpfen lassen, damit möglichst viele Dumme wenigstens als Zuschauer an Siegen teilhaben können, die sie selbst niemals erringen.
- Und da ist die erlesene Elite der Gescheiten, die weder für noch gegen jemanden kämpfen. Für sie ist nur ein einziger Sieg erstrebenswert: der Sieg über sich selbst, damit sie niemanden anderen besiegen müssen.

## *Was Sie noch wissen sollten, ehe Sie sich für das Spielen entscheiden – oder auch nicht*

Kämpfen oder spielen, diese Frage ist für die meisten von uns nicht wert, sich lang darüber den Kopf zu zerbrechen. Wir haben gelernt, was wir davon zu halten haben. Man bringt es uns täglich auf vielen Wegen bei:

- Da ist die Botschaft vom »Arbeitskampf«, den die Dummen führen sollen, weil man ihnen lange genug eingeredet hat, sie seien nicht gescheit genug, das Spiel um Geld und Arbeit auf friedliche Weise zu gewinnen.
- Im »Wahlkampf« geht es nicht um das Wohl der Wähler. Die Schlauen führen vielmehr Scheingefechte gegeneinander, um die Dummen im Glauben zu wiegen, sie dürften zwischen zwei Alternativen entscheiden.
- Selbst das einst so sportliche Fußballspiel ist längst zum erbitterten Kampf geworden, bei dem unter dem Jubel der Zuschauer Knochen brechen und Sehnen reißen. Selbst die Verlierer werden nicht mehr ermutigt, ein entscheidendes Spiel zu gewinnen, sondern im »Abstiegskampf« den Gegner niederzuringen.

• Na ja, und da wäre natürlich noch der berühmte »Kampf der Geschlechter« zu erwähnen. Es ist der Schlachtruf der Schlauen, die davon profitieren, dass Mann und Frau erst gar nicht auf den Gedanken kommen, es sei die natürlichste Sache der Welt, miteinander statt gegeneinander zu leben.

Die Fähigkeit des Spielens erweckt in unserem Denken längst nicht mehr die Vorstellung einer Kraft, die jedem Kämpfen turmhoch überlegen ist. Dies liegt vermutlich daran, dass wir den Willen für das entscheidende Instrument betrachten, sich im Leben durchzusetzen. Dabei sollten wir es besser wissen.

Es ist schon ein paar Jahre her, als sich einer aus dem Heer der Sieger im Karrierekampf nach einem Herzinfarkt in einer Intensivstation wiederfand. Sein unbeugsamer Wille hatte ihn vom kleinen Schlosser zum großen Generaldirektor des Unternehmens katapultiert. Jetzt aber lag er, an Tröpfen angeschlossen, in einem Krankenbett. Das Los eines Kämpfers, der viele Schlachten gegen andere gewonnen, aber den Krieg gegen sich selbst verloren hat.

Der Körper schaffte es nicht, den Anforderungen des Willens gerecht zu werden. Aber das war noch lange nicht alles. Im Krankernhaus erfuhr der Mann auch, was er in den vergangenen Jahren nicht wahrhaben wollte: Seine Frau betrog ihn mit einem Studenten, und die einzige Tochter war von Drogen abhängig und wurde erpresst.

Diese Geschichte musste nicht erfunden werden. Sie ereignet sich fast täglich in vielen Facetten in den Reihen der Kämpfer, die in ihrem unbeugsamen Willen den Sinn für das Spiel verloren haben, das unser Leben erst lebenswert macht. Das Harmonie-Spiel etwa, das Kommunikations-Spiel oder das Partner-Spiel, in dem der größte Sieg darin besteht, gemeinsam glücklicher zu sein, als man allein sein könnte.

Wenn der Wille zu den maßlos überschätzten Antriebskräften gehört, wurde die Phantasie zu einem Spielzeug für Träumer und verschrobene Spinner degradiert.

Als Anfang des vorigen Jahrhunderts ein französischer Apotheker namens Emile Coué mit seiner Methode der Autosuggestion von sich reden machte, wurde er nicht müde, seinen Anhängern diesen Satz immer wieder in Erinnerung zu rufen: »Wenn in unseren Köpfen der Wille mit der Vorstellungskraft in Widerstreit gerät, gewinnt immer die Vorstellungskraft.«

Dieser Monsieur Coué war kein großer Denker, kein Philosoph oder hoch geehrter Wissenschaftler. Kein Wunder also, dass er längst vergessen ist. Er hatte mit seinem einfachen Hausverstand nur erkannt, dass uns die Kraft der Phantasie unendlich viele Alternativen im Spiel des Lebens eröffnet, während der Wille nur eine einzige zulässt: erbittert kämpfen, um zu siegen.

Wie immer Sie über solche Anmerkungen denken mögen: Wenn Sie unbedingt kämpfen wollen, kämpfen Sie mutig weiter. Die folgenden Seiten verfolgen kein anderes Ziel, als Ihnen einige Möglichkeiten aufzuzeigen, wie Sie der unausweichlichen Niederlage aller Kämpfer entgehen hätten können – wenn Sie nur gewollt hätten.

# 1. Das Harmonie-Spiel

**Im Spiel um die Harmonie haben Sie einen starken Gegner: den Zweifel an sich selbst. Um gegen ihn zu gewinnen, sollten Sie sich zwei starke Partner suchen: Glaube und Harmonie**

*1. Sie können mit niemandem in Harmonie leben, wenn Sie die Aggression gegen sich selbst nicht besiegen*
*2. Am Anfang jedes Spiels steht der Glaube daran, es gewinnen zu können*
*3. Wie man die Harmonie mit sich selbst erlangt, um das Spiel gegen die eigenen Zweifel zu gewinnen*
*4. Fünf Fragen, ehe Sie das Spiel beginnen*

# 1

## *Sie können mit niemandem in Harmonie leben, wenn Sie die Aggression gegen sich selbst nicht besiegen*

Finden Sie es nicht auch ziemlich seltsam, dass immer zuerst gekämpft und gestritten werden muss, damit es zu einem vorübergehenden Frieden kommen kann? In der großen Welt werden dann in feierlichem Rahmen so genannte »Nobelpreise für den Frieden« verteilt. Am Ende einer Schlacht um den Ehefrieden gibt man sich im kleinen familiären Kreis mit dem tröstenden Satz zufrieden: »Das Schönste am Streit ist die Versöhnung.«

Das ist dann das kurze Glück, ehe alles wieder von vorne beginnt.

Warum ist das so, und warum finden es selbst die Vernünftigen unter uns völlig normal? Zuerst muss gekämpft werden, und das nur mit dem einen Ziel: um nachher, wenn die Aggressionen sich ausgetobt haben, Frieden schließen zu können. Wäre es nicht vernünftiger, den Frieden zu beschließen, noch ehe es zum Kampf kommt?

Woher kommt diese Aggression, die sich auf allen Kampfschauplätzen des Alltags entlädt, wohin Sie auch schauen? In den Ehen und Familien. Beim Mobbing auf den Arbeitsplätzen und in den Karriereschlachten. Auf den Straßen und Autobahnen, im Fernsehen und in den Parlamenten, wo das Gegeneinander zum gewollten Ritual gehört.

Die Antwort lautet: Wir werden von Kindheit an zur Aggression erzogen. Unsere lebenslange Erziehung treibt uns unentwegt in den Kampf gegen uns selbst.

- Wir sehnen uns nach Ruhe, aber der Schlachtruf lautet: »Wer rastet, der rostet.« Wer sich im ewigen Wettbewerb behaupten will, darf keinen Erfolg in Ruhe genießen, weil ihm die Konkurrenz auf den Fersen ist.
- Wir sehnen uns nach Gemeinschaft und Geborgenheit. Aber kaum haben sich zwei Menschen gefunden, beginnt der Kampf um die Vorherrschaft, in dem jeder erwartet, dass der andere sich freiwillig geschlagen gibt.
- Kaum erleben wir ein paar Augenblicke des Glücks, bedrängen uns die Zweifel: »Was wird morgen sein?« Oder: »Darf ich so glücklich sein, wenn andere zum Unglück verurteilt sind?« Oder auch: »Habe ich mein Glück verdient?«

Die Aggression kommt nicht von außen, sie beginnt in uns selbst in dem Augenblick, in dem wir nicht das tun, was wir tun möchten, weil man uns beigebracht hat, dass nur richtig ist, was wir tun dürfen.

Diese Disharmonie zwischen Wollen und Dürfen ist das Prinzip des Lebenskampfes, den wir nur vermeiden können, wenn wir aufhören, uns selbst zu bekämpfen. Und das nur, weil unsere Erzieher uns lange genug darauf trainiert haben.

Um es noch deutlicher zu sagen: Das Harmonie-Spiel beginnt mit der Entscheidung, die Aggression gegen uns selbst zu beenden. Damit niemand anderer sich unsere Zweifel an Falsch oder Richtig zunutze machen kann.

Die zwei wichtigsten Regeln dafür lauten:

- Jede Aggression gegen andere ist eine Aggression gegen mich selbst. Wenn ich in Harmonie mit mir zu leben lerne, gibt es keine Aggression mehr, die ich auf andere abladen müsste.
- Wenn mich jemand anderer besiegen will, um sich selbst zu bestätigen, nehme ich die Kampfansage nicht an, indem ich ihm keinen Angriffspunkt biete. Ich spiele das Spiel der Verweigerung, bis ihm

nichts anderes übrig bleibt, als den Kampf mit mir abzusagen, noch ehe er begonnen hat.

Das klingt, wie Sie jetzt sicherlich denken, nach grauer Theorie. Am Lauf der Welt wird sich dadurch doch nichts ändern. Wie Recht Sie haben. Die Dummen werden sich weiter zum Kampf missbrauchen lassen, und die Schlauen werden unermüdlich dafür sorgen, ihren Nutzen daraus zu ziehen.

Das Harmonie-Spiel, das sollten Sie wissen, kann natürlich die Welt nicht verändern. Dafür ist es auch nicht gedacht. Es ist ein Lebensspiel für Gescheite, die es satt haben, ständig um den Frieden zu kämpfen. Es genügt ihnen, in Harmonie mit sich selbst zu leben.

## 2

## *Am Anfang jedes Spiels steht der Glaube daran, es gewinnen zu können*

»Harmony«, definiert das »Westminster Dictionary«, bedeute: »adaption of parts to each other.« Die Teile so aufeinander abzustimmen, dass sie zueinander passen. Wäre dieses Prinzip der Harmonielehre in der Musik nicht auch ein Vorschlag, unser Leben in Einklang mit uns selbst zu bringen?

Mit uns selbst. Weil das Erlangen persönlichen Glücks schließlich nicht vordringlich darin bestehen kann, uns in Einklang mit den unüberschaubaren Angeboten zu bringen, mit denen man uns unentwegt zu ködern versucht.

Glaube nur an uns, heißt die allgegenwärtige Botschaft, und nicht an die Konkurrenz. Glaube an unseren Gott und an keinen anderen. Wähle unsere Partei und keine andere. Und am Traualtar wird feierlich der Treueschwur geleistet »bis der Tod uns scheidet«. Wenn dann nach ein paar Jahren des Zusammenlebens die Ehe nicht vom Tod, sondern von einem weltlichen Richter geschieden wird – was dann?

Selbst wenn Sie an die Allmacht eines gütigen Gottes glauben, denken Sie nicht manchmal darüber nach, warum er tatenlos zuschauen kann, wie seit Jahrtausenden einander Menschen in seinem Namen mit allen Mitteln bekämpfen.

Trotzdem ist der Glaube die stärkste Kraft, die einen Menschen Ziele erreichen lässt, die seine Vernunft ihm niemals zugetraut hätte. Mit der einen Einschränkung allerdings: Wenn der Zweifel beginnt, verliert der Glaube alle seine Kraft und kehrt sich ins Gegenteil. Er wird zum Konflikt. Und mit dem Glaubens-Konflikt beginnt die Aggression gegen sich selbst und gegen andere.

Dann wird die auf Ewigkeit geschworene Treue zu Misstrauen und Eifersucht. Und was anderes sollte die Ursache dafür sein, dass es Glaubenskriege gibt, in denen Menschen bereit sind, sich für einen Glauben zu opfern, der mit ihrem eigenen Leben gar nichts mehr zu tun hat?

Könnte es nicht sein, dass es neben dem Glauben an irgendetwas oder irgendjemanden noch eine zweite Form des Glaubens gibt – den Glauben, ganz allein an uns selbst? Unabdingbare Voraussetzung dafür allerdings ist: Wir beschließen, das uns in diesem kurzen Leben nichts wichtiger ist, als wir selbst und unser eigenes Glück.

Wenn der Glaube Berge versetzt und uns zu Leistungen befähigt, die alle Vernunft sich nicht vorstellen kann – warum scheitern dann so viele unserer ganz persönlichen Vorhaben an Selbstzweifeln und Halbherzigkeit?

Vielleicht liegt es daran, dass uns niemand die Regeln des Glaubens an uns selbst beibringen will. Und warum nicht? Weil alle, die uns zu ihrem Vorteil manipulieren möchten, nicht daran interessiert sind:

- Die Wissenden brauchen Unwissende, die sich für außerstande halten, selbst zu erkennen, was für sie falsch und richtig ist.
- Die Missionare brauchen die Hilflosen, die ihnen auf dem gezeigten Weg folgen. Auch wenn er sie ins Verderben führt.
- Der Staat braucht Bürger, die daran glauben, dass er in ihrem Interesse für Recht und Ordnung sorgt.
- Funktionäre aller Art können nur existieren, wenn sie ihre Wähler und Mitglieder glauben machen können, dass Sie deren Interessen besser vertreten, als die Wähler und Mitglieder es aus eigener Kraft und Initiative tun könnten.

Wenn die Definition von der Drei-Klassen-Gesellschaft tatsächlich stimmt, würde das bedeuten: Die Schlauen unter uns brauchen die Selbstzweifel der Dummen, um sie mit Hilfe des Glaubens für ihre Zwecke benützen zu können.

So gesehen, wird das Harmonie-Spiel auf diesen zwei Ebenen gespielt:

- Auf der Ebene der Schlauen, wo die Regel lautet: Je weniger jemand an sich selbst glaubt, umso leichter ist es, ihm einzureden, woran er glauben soll.
- Auf der Ebene der Gescheiten, denen niemand etwas einreden kann, weil sie selbst wissen, was für sie richtig ist.

Die Dummen suchen den Glauben an jemanden, um von ihm geführt zu werden. Als Gegenleistung sind sie bereit, für ihn zu kämpfen und Opfer zu bringen. Sie mögen dabei Siege erringen, Triumphe feiern und auf ihre Weise glücklich sein. Aber sie werden nie ein Leben als freie, selbstbestimmte Menschen führen.

Die Gescheiten können – weil sie die Regeln des Spiels verstanden haben – die ungeahnten Kräfte des Glaubens ausschließlich für das Erreichen ihrer eigenen Ziele einsetzen.

Eine unumstößliche Regel allerdings – das kann gar nicht oft genug wiederholt werden – gilt für alle an diesem Spiel Beteiligten in gleicher Weise. Sie lautet: Wenn der Zweifel beginnt, geht die Kraft des Glaubens verloren und kehrt sich ins Gegenteil. Oder, um es praktischer auszudrücken: Wer nicht daran glaubt, dass er ein Ziel erreichen kann, ist jedem Gegenspieler unterlegen, den nichts und niemand in seinem Leben beirren kann.

Lassen Sie uns hier abschließend die wichtigsten Punkte noch einmal zusammenfassen, warum der Glaube an sich selbst in jedem Spiel so wichtig ist:

- Wenn Sie an sich selbst glauben, können Sie Ihre ganze Energie dafür einsetzen, die eigenen Ziele zu erreichen. Wenn Sie sich dem Glauben anderer unterordnen, dürfen Sie auch dann nicht zweifeln, wenn Sie enttäuscht werden. Denn die Kraft des Glaubens ist zu Ende, wenn der Zweifel beginnt.
- Wenn Sie mit sich selbst in Harmonie sind, haben Sie gute Chancen, ein Spiel zu gewinnen. Wenn Sie mit sich und dem Gegner in Harmonie sind, können Sie den Gegner zum Partner machen, und jeder Kampf erübrigt sich.
- Wenn Sie mit sich selbst und dem Gegner, aber darüber hinaus auch mit Zeit, Ort und den Umständen in Harmonie sind, werden Sie jedes Spiel gewinnen.

## 3

## *Wie man die Harmonie mit sich selbst erlangt, um das Spiel gegen die eigenen Zweifel zu gewinnen*

Lassen Sie uns diese eine Behauptung noch einmal in Erinnerung rufen: »Das Harmonie-Spiel ist immer ein Spiel mit sich selbst. Wer es gewinnt, kann gegen jeden Gegner gewinnen.« Von vielen Gescheiten wird es überhaupt als das »Spiel aller Spiele« bezeichnet. Tatsächlich ist es die vielversprechendste Voraussetzung für alle anderen Spiele des Lebens.

»Wie«, fragen Sie jetzt vermutlich, »kann man es erlernen, in einem Alltag, der von nichts anderem bestimmt wird als vom Kampf um Mehr, Besser und Schneller?«

Eine brauchbare Strategie dafür finden wir in der »Egoisten-Bibel«, einem Buch, das diesem vorangegangen ist. Darin finden sich folgende Trainings-Anleitungen überzeugter Egoisten an sich selbst:

1. Du bist so, wie Du denkst. Du wirst so, wie Du immer wieder denkst. Deshalb ist das Denken der Anfang Deines Glaubens.

2. Du glaubst an Dich mehr, als an irgendjemand anderen.
3. Du weißt, was Du willst. Du glaubst daran, dass Du es erreichst, weil Du nicht aufhörst, es Dir in Deiner Phantasie vorzustellen.

So einleuchtend diese Erfordernisse auch für Sie klingen mögen, unterschätzen Sie sie nicht. Sie bedeuten nicht weniger, als dass Sie die Harmonie in Ihrem gesamten Denken verankern müssen.

- Wenn Sie eine Entscheidung fällen, kann Ihr erster Gedanke nicht mehr sein »Was darf ich«, »Was muss ich?«, »Wer hilft mir« oder »Wem schiebe ich die Schuld in die Schuhe, wenn ich scheitere?«. Alles, was Sie tun, verantworten Sie auch.
- Sie bestimmen selbst, worin Sinn und Glück Ihres Lebens bestehen, statt es sich von anderen einreden zu lassen. Denn nur die Dummen lassen andere für sich denken und entscheiden. Die Gescheiten entscheiden selbst.
- Und weil das gezielte Denken der Anfang jedes Glaubens ist, motivieren Sie sich mit der Hilfe Ihrer eigenen Gedanken, statt sich an wortreiche Versprechungen anderer zu klammern.

Der Beginn jedes Spiels um Harmonie besteht darin, aus dem Kreislauf der Glaubens-Konflikte auszubrechen, um seinen eigenen Bedürfnissen und Wünschen zu folgen.

Vielleicht interessiert es Sie, von einem Modell zu erfahren, das die Gescheiten unter der Bezeichnung »Der Marathonläufer« kennen.

Ein Sportsmann startet bei einem Marathon-Wettbewerb in der festen Absicht, ihn zu gewinnen. Er hat ein Jahr lang hart trainiert. Er kennt seine Konkurrenten und die Strecke. Er hat sogar gelegentlich nachts davon geträumt, wie er unter dem Jubel der Menge den begehrten Pokal in den Händen hält.

Nach etwas mehr als 30 Kilometern, auf denen er mit zwei Konkurrenten den Pulk angeführt hat, machen ihm starke Schmerzen in der Leistengegend zu schaffen. Zuerst hofft er, dass sie ganz von selbst wieder vergehen würden. Aber das Gegenteil ist der Fall, sie werden unerträglich.

Das ist eine jener Situationen, in denen deutlicher als in vielen anderen, ein Harmonie-Spiel seinen kritischen Punkt erreicht:

- Der Schmerz signalisiert dem Läufer, dass die Erfordernisse des Kampfes um den Sieg mit den Bedürfnissen des Körpers nicht mehr in Harmonie sind.

- Das vom Willen zum Sieg indoktrinierte Denken gerät mit diesem Signal in Widerstreit. Der Kampfruf »Ich muss siegen, koste es, was es wolle« steht gegen die Überlegung »Ich setze mich auf die nächste Bank am Straßenrand, weil mir meine Gesundheit wichtiger ist als jeder Pokal.«

Wer, denken Sie, ginge nun als der wahre Sieger aus dieser Konfrontation hervor:

- Ein Läufer, der allen Schmerzen zum Trotz weiterläuft, gewinnt und keuchend in die Kameras strahlt, ehe man ihn in ein Spital einliefert?
- Oder einer, der sich auf der nächsten Bank ausstreckt, von den Zuschauern und Kollegen mitleidig belächelt und von den Journalisten ignoriert. Aber mit der Überzeugung, mit seinem Körper wieder in Harmonie zu sein?

Wie immer Sie über diese beiden Möglichkeiten denken: Verlieren Sie die Tatsache nicht aus den Augen, dass wir an jedem Tag unseres Lebens viele Male irgendwo am Start zu einem kleinen Marathon stehen und uns entscheiden können, auf welche Weise wir ihn gewinnen wollen. Zu unserem eigenen Besten. Oder, um von anderen als der Beste umjubelt zu werden.

## 4

## *Fünf Fragen, ehe Sie das Spiel beginnen*

1. Wann haben Sie zuletzt ein Spiel mit dem Gedanken begonnen: »Hoffentlich habe ich dieses Mal mehr Glück als zuletzt?« Statt Ihr ganzes Denken auf den Glauben zu konzentrieren: »Gleichgültig was geschieht, ich schaffe es.«
2. An wen glauben Sie mehr, als an sich selbst. Obwohl er Sie schon mehr als einmal enttäuscht hat? Und: Wie gehen Sie mit dieser Erfahrung um?
3. Wie oft haben Sie in der vergangenen Woche Leute besorgt gefragt: »Wie geht es Ihnen?« Und wie oft haben Sie sich selbst gefragt: »Wie geht es eigentlich mir?« Um herauszufinden, was Sie ändern sollten.
4. Welchen Konflikt tragen Sie am längsten mit sich herum, obwohl er Ihr ganzes Leben belastet?
5. Welche schuldbewusste Ausrede fällt Ihnen zuerst ein, wenn Sie jemand vorwurfsvoll fragt: »Warum glaubst Du nicht an mich?« Statt ihm ganz einfach zu sagen: »Weil ich an mich selbst mehr glaube, als an irgendjemand anderen.«

# 2. Das Spiel mit der Angst

**Im Spiel mit der Angst stehen wir auf beiden Seiten des Geschehens. Wer seine eigenen Ängste besiegt, kann auch gegen den stärksten Gegner gewinnen**

*1. Ehe das Spiel beginnt, sollten Sie wissen, wer Ihre Gegner sind*
*2. Die vier großen Ängste, und wie sie uns zum Verhängnis werden – wenn wir es zulassen*
*3. Die gebräuchlichsten Methoden, Ihnen Angst zu machen, und wie Sie den Spieß umdrehen können*
*4. Fünf Fragen, ehe Sie das Spiel beginnen*

## 1

## *Ehe das Spiel beginnt, sollten Sie wissen, wer Ihre Gegner sind*

Es ist an dieser Stelle angebracht, Sie auf die verschiedenen Typen von Gegnern aufmerksam zu machen, mit denen wir es in den Spielen des Lebens zu tun haben. Um es kurz zu machen: Alle Menschen sind Ihre Gegner, auch wenn Sie sie noch so sehr lieben.

Je mehr Sie von jemandem geliebt werden – was immer Sie unter der Liebe auch verstehen mögen –, umso mehr ist Vorsicht geboten. Neben der offenen Bedrohung gehört der »sanfte Terror« nämlich zu den bewährtesten Strategien, arglose Gegner in die Knie zu zwingen.

Natürlich gehören Eltern, die eigenen Kinder, Lehrer und Chefs, die Vertreter des Staates, die Politiker und die Werbung zu unseren allgegenwärtigen Gegnern. Sie alle wollen uns auf irgendeine Weise erziehen und manipulieren. Und wir stehen an jedem Tag Dutzende Mal vor der Entscheidung: Geben wir eingeschüchtert nach. Glauben wir ihren Versprechungen. Nehmen wir Rücksicht auf andere, mehr als auf uns selbst. Ordnen wir uns ein und unter. Oder nehmen wir das Spiel auf, um unseren eigenen Vorteil wahrzunehmen?

Im Spiel mit der Angst stehen wir abwechselnd auf beiden Seiten des Geschehens:

- Entweder wir machen uns die Ängste anderer zunutze. Vielleicht sogar, indem wir sie ihnen suggerieren.
- Oder ein Gegner lockt uns in die Angstfalle, in die wir arglos tappen, weil wir Regeln und Taktiken des Spiels nicht kennen.

Die oberste Regel lautet: Wenn Sie sich Ihren Ängsten stellen, statt vor ihnen zu flüchten, gibt es keinen Gegner, der Sie damit erpressen könnte. Oder, wie die Gescheiten sagen: »Wer vor der Angst flüchtet, kann nicht mit ihr spielen.«

Sich stellen, statt zu flüchten. Innehalten, statt in der Masse mitzulaufen. Ausbrechen, die Beine von sich strecken, wie der Marathonläufer, und zu beschließen: »Ich selbst bin mir wichtiger, als alles das, was andere von mir erwarten.« Das sind die Alternativen, die uns in jedem Angstspiel zur Verfügung stehen. Die Entscheidung liegt bei uns.

Sich der Angst stellen und das Spiel mit ihr zu beginnen, heißt:

- Sie uns vorerst einmal bewusst zu machen, statt sie zu verdrängen.
- Sie als das anzunehmen, was sie tatsächlich ist.
- Mit ihr zu spielen lernen.

Die bereits erwähnte »Egoisten-Bibel« enthält eine interessante Strategie, auf welche Weise die Gescheiten mit ihren Ängsten umzugehen pflegen. Dort heißt es:

»Je besser Du eine Angst kennst, umso besser kannst Du mit ihr spielen:

- Du fragst: Wovor konkret fürchte ich mich?
- Du fragst: Woher kommt die Angst?
- Du fragst: Was ist das Schlimmste, das mir passieren kann?
- Du fragst: Was ist das Günstigste, das mir passieren kann?
- Du fragst: Was kann ich selbst sofort tun, um der Gefahr zu begegnen, vor der ich mich fürchte?
- Und Du tust ohne Zögern, wofür Du dich entschieden hast.«

Wie Sie sehen, gilt auch für das Spiel mit der Angst das Prinzip: Jedes Spiel beginnt in meinem Denken. Hier fällt die Entscheidung bei der Frage: Flüchte ich, ohne der Angst auf den Grund zu gehen. Oder entlarve ich sie als das, was sie tatsächlich ist.

Wenn Ängste unser Denken beherrschen, bedeutet das nichts anderes, als dass die Angst selbst der wahre, der innere Gegner ist, dem wir uns stellen sollten. Denn kein äußerer Gegner kann Ihnen Angst einjagen, wenn Sie fest entschlossen sind: »Ich nehme diese Angst nicht an, weil ich auf alles verzichten kann, womit der Gegner mich erpressen könnte.«

Es ist von Vorteil, wenn Sie sich im Spiel mit der Angst vor Augen führen, dass Bedrohung und Erpressung in unendlich vielen Varianten zu den bewährtesten Taktiken im Spiel mit der Angst gehören.

• Was anderes sollte es sein, wenn ein Vater seinem Kind mit Strafe droht, um seinen Willen durchzusetzen.

• Oder wenn die Werbung im Fernsehen signalisiert: Du bist eine miserable Hausfrau, wenn deine Küche nicht blitzblank gescheuert ist.

• Auch die Drohung unter Partnern ist keine Seltenheit: Gib nach, oder ich verlasse Dich.

• Schließlich sind auch unsere Gesetzesbücher vollgestopft mit Drohungen, was uns blüht, wenn man uns bei etwas Verbotenem erwischt.

• Von den Höllenqualen ganz zu schweigen, mit

denen die Kirche ihren Gläubigen Angst zu machen versucht, falls sie aus der Rolle fallen, die ihnen zugedacht ist.

Welcher Konfrontation mit solchen Bedrohungen wir uns auch gegenübersehen, immer stehen wir vor der Entscheidung: Unterwerfe ich mich oder spiele ich alle meine Möglichkeiten aus, die mir zu meinem eigenen Vorteil zur Verfügung stehen?

## 2

## *Die vier großen Ängste, und wie sie uns zum Verhängnis werden – wenn wir es zulassen*

Vermutlich haben Sie längst durchschaut, dass wir uns in den Spielen des Lebens vor allem zwei fundamentalen Gegnern gegenübersehen: Dem Gegner in uns, und den Menschen um uns herum, die etwas von uns wollen. Und wer will das nicht?

Ein Knackpunkt, an dem sich ein Spiel vorzeitig entscheiden kann, ist auch die Situation, wenn jemand uns hoch und heilig versichert: »Glaube an mich, ich will doch nur dein Bestes.«

Erfahrene Spieler wissen spätestens jetzt, dass es an der Zeit ist, die Entscheidung aller Entscheidungen zu fällen:

- Überlasse ich die Lösung eines Problems dem Gegner, weil ich zu bequem bin, die Verantwortung für mein Handeln zu übernehmen?
- Oder bestimme ich selbst den weiteren Verlauf des Spiels. In dem festen Glauben daran, dass es kein Problem gibt, das ich nicht aus eigener Kraft lösen könnte.

Versprechungen wie: »Ich will doch nur dein Bestes«, »Leg dein Schicksal getrost in meine Hände« oder »Vertrauen Sie sich meiner bewährten Führung an« gehören zum Repertoire aller Verführer.

Sie zählen zu den sanften, allerdings nicht weniger gefährlichen Spiel-Einleitungen. Ihnen stehen die Drohgebärden autoritärer Gegner gegenüber, die keinen Widerspruch dulden, wenn sie uns wissen lassen, sie würden ihre Entscheidungen »im Namen des Volkes«, »zum Schutz der Allgemeinheit« oder »im Interesse aller Betroffenen« fällen. Meistens tun sie es über unsere Köpfe hinweg und auf unsere Kosten. Immer verbunden mit Strafandrohung, als Appell an unsere Ängstlichkeit.

Niemand kann ein Lebensspiel gewinnen, wenn er die Verantwortung für die Lösung seines Problems aus der Hand gibt. Jeder, wirklich jeder Gegner, der uns seine Hilfe anbietet, verfolgt zuerst sein eigenes Ziel. Und sei es nur die Befriedigung, uns überlegen zu sein.

Wann immer Sie sich helfen lassen, begeben Sie sich in die Gefahr, vom Helfer abhängig zu werden. Verbunden mit der Angst, von ihm im Stich gelassen zu werden. Um dieser Gefahr aus dem Weg zu gehen, stehen dem erfahrenen Spieler folgende sieben Testfragen zur Verfügung, ehe er über sein Vorgehen entscheidet:

- Was spricht dafür?
- Was spricht dagegen?
- Was nützt es dem Gegner?
- Was nützt es mir?
- Besitze ich die Fähigkeit, mein Problem selbst zu lösen, statt in eine Abhängigkeit zu geraten, die mich erpressbar macht?
- Wenn ich diese Fähigkeit nicht besitze – wie kann ich sie mir aneignen. Oder ist der Aufwand, verglichen mit dem Ergebnis, zu groß?
- Wie groß ist das Risiko, und ist es mir wert, es einzugehen?

Nahezu alle Angriffe eines Gegners im Angstspiel zielen auf eine unserer vier großen Ängste ab, die uns ein ganzes Leben lang begleiten:

1. Die Angst, etwas falsch zu machen und dafür bestraft zu werden.
2. Die Angst, etwas zu verlieren, woran man uns gewöhnt hat.
3. Die Angst vor dem Unvorhersehbaren.
4. Die Angst, etwas zu versäumen.

Da wir im Spiel mit der Angst abwechselnd auf beiden Seiten des Geschehens stehen, kann es verhängnisvoll sein, sich nur auf eine Seite festzulegen: Entweder als autoritärer Angstmacher oder als ewig von Ängsten verfolgtes Opfer.

Grundsätzlich kann gesagt werden, dass die Angst zu den wesentlichen Bestandteilen unseres Denkens und Handelns gehört. Wir alle haben Angst, und das ein ganzes Leben lang. Wir können davon ausgehen, dass die meisten Reichen und Mächtigen, die Wissenden und Starken zu vielen ihrer bewunderten Taten aus keinem anderen Motiv getrieben werden als der Angst, nicht anerkannt zu werden.
Wenn wir es genau betrachten, muss die Angst der Reichen, Mächtigen, Helden und bejubelten Stars um ein Vielfaches größer sein, ihr Spiel zu verlieren, als die Angst eines Spielers, der von der Entscheidung ausgeht: »Woran ich mich nicht klammere, das kann ich auch nicht verlieren.«

Der Spieler, der wahre Spieler, ist sich seiner eigenen Angst bewusst und macht sie genauso zum Bestandteil seines Spiels, wie er die Angst eines Gegners nützt. Oder, um es anders auszudrücken: Er kennt die Regeln, das innere Spiel mit den eigenen Ängsten zu gewinnen, damit der Gegner sie nicht zu seinem Vorteil nützen kann.

3

## *Die gebräuchlichsten Methoden, Ihnen Angst zu machen, und wie Sie den Spieß umdrehen können*

Die zwei grundlegenden Erfordernisse im Spiel mit der Angst sind also: Dem Gegner Angst machen, während man sich selbst vor Angst-Angriffen schützt. In beiden Fällen ist es wichtig, mit den Angst-Mechanismen vertraut zu sein.

Vermutlich gibt es drei Kategorien von Ängsten:

- Die Urängste, als nützliche Warner, wenn Gefahr in Verzug ist.
- Die anerzogenen Ängste, mit denen unsere Erzieher und Verführer uns von Kindheit an zu Gehorsam und Unterordnung programmieren.
- Die selbst gestrickten Ängste, die wir als Entschuldigung für unsere Unfähigkeit benützen, wenn wir Problemen lieber aus dem Weg gehen, statt sie zu lösen.

Die Urängste haben unsere Vorfahren einst zur Flucht auf die Bäume getrieben, um auf dem Boden nicht von stärkeren Gegnern erlegt zu werden.
Es kann auch heute nicht schaden, wenn wir auf die-

se archaischen Instinkte zurückgreifen. Die Gefahren haben in den vergangenen Jahrtausenden andere Formen angenommen, aber sie haben sich keinesfalls verringert.

Die anerzogenen Ängste sind das Ergebnis durchdachter Erziehungs-Strategien, wie sie schon vor 200 Jahren von den Erfindern der viel gerühmten Pädagogik beschrieben wurden. Zu ihnen gehörte neben dem berühmten Jean-Jacques Rousseau vor allem ein Engländer namens John Locke.

Der Schweizer Psychologe Franz Renggli beschrieb vor einigen Jahren die pädagogischen Anleitungen Lockes folgendermaßen:
»Die Grundlage der ganzen Erziehung besteht nach Locke darin, aus dem Kind ein vernünftiges Wesen zu machen und seine Tugenden zu stärken. Die Grundlage aller Tugenden, so Locke, ist die Fähigkeit, sich die Befriedigung eigener Wünsche zu versagen. Dies ist nur durch frühzeitiges Einüben möglich. Schon in der Wiege muss das Kind lernen, dass es nicht erhält, was ihm gefällt, sondern nur das, was wir, die Erzieher, für richtig erachten. Mit diesem Trainung kann nach Ansicht des Pädagogen Locke gar nicht früh genug, also schon in der Wiege begonnen werden.«

Wörtlich schrieb der Engländer in einem Buch mit dem Titel: »Einige Gedanken über die Erziehung«: »Die Kinder müssen lernen, ihre Neigungen und Wünsche einzudämmen und zu ersticken, sobald sie aufsteigen. Dann werden sie später am leichtesten unterdrückt. Geschieht dies nicht, erwacht unsere Begierde zum Leben, Wünsche werden zu Forderungen, und es fehlt nur noch ein kleiner Schritt: Sie müssen erfüllt werden. Abschlägige Antworten aber erhält ein Mensch immer am besten von sich selbst. Deswegen müssen die launischen Wünsche eines Kindes am besten zum Schweigen gebracht werden, ehe es sprechen lernt.«
»Entweder«, schreibt Locke dann noch, »wir brechen dem Kind von Beginn an das Rückgrat, oder aber wir als Erzieher sind gebrochene Menschen.«

Sicherlich werden Sie jetzt einwenden, alles das sei längst vergangen und vergessen, wir modernen Menschen könnten über solche Ideen nur noch lachen. Können wir das wirklich?

Vielleicht müssen Kinder heute weniger Angst davor haben, dass »ihr Rückgrat gebrochen« wird. Aber die Angst, etwas falsch zu machen und dafür bestraft zu werden, ist keineswegs geringer. Oder die Angst, nicht fernsehen zu dürfen.

Nichts hat sich auch daran geändert, dass es auf der einen Seite die Erzieher und auf der anderen jene Masse der ihrer selbst nicht sicheren Menschen gibt, denen alles das eindringlich beigebracht werden muss, was Locke die »Tugenden« nennt.

Der Schlüssel zum Mechanismus des Angstmachens ist die Autorität. Wer imstande ist, sich Autorität anzueignen, erwirbt den Status des Erziehers, der bestimmt, was falsch und richtig, gut und böse, schön und hässlich ist. Er legt die Tugenden fest und wacht darüber, dass sie eingehalten werden.

Um seine Autorität zu erhalten, benützt der Erzieher Bedrohung und Angst als Instrumente, seine Opfer gefügig zu machen. Das ist das Spiel mit der Angst, und wie es funktioniert.

Wie schützen Sie sich davor? Hier sind die drei wirksamsten Fähigkeiten:

1. Ersetzen Sie die Tugenden Ihrer Erzieher durch Ihre eigenen Tugenden. Wenn Sie selbst wissen, was Sie wollen, kann es Ihnen niemand anderer einreden.
2. Respektieren Sie sich selbst mehr als irgendjemand anderen. Wenn Sie an sich selbst mehr glauben, als an andere, ist es nicht mehr notwendig, sich an das zu klammern, was andere Ihnen versprechen.

3. Vergessen Sie nicht: Autorität besitzt jemand nur solange, als er Ihnen weismachen kann, er sei besser, klüger und stärker als Sie.

Im Spiel gegen einen Gegner, der eine Autorität für sich in Anspruch nimmt, gibt es deshalb keinen wirkungsvolleren Spielzug als diesen: Drehen Sie den Spieß um. Sprechen Sie seine Ängste an. Nichts fürchten Autoritäten mehr als die Entlarvung ihres Versuchs, die eigenen Schwächen hinter einem Machtanspruch zu verstecken.

# 4

## *Fünf Fragen, ehe Sie das Spiel beginnen*

1. Wovor fürchten Sie sich am meisten – und warum?
2. Wovor fürchtet sich Ihr Gegner am meisten – und warum?
3. Was hindert Sie daran, gleich jetzt ein Stück Papier zu nehmen und alle Ihre Ängste aufzuschreiben, die Ihnen in der nächsten Viertelstunde einfallen. Einfach nur, um sich ihrer wenigstens bewusst zu werden?
4. Welchen Ihrer größten Wünsche haben Sie sich bisher nur aus dem einen Grund nicht erfüllt, weil Sie Angst davor hatten, irgendjemand könnte Ihnen deswegen einen Vorwurf machen?
5. Können Sie sich noch an einen Fall erinnern, an dem sich nachträglich herausgestellt hat, dass Ihre Angst völlig unbegründet war?

# 3. Das Spiel mit der Liebe

**Wenn Sie sich auf dieses Spiel einlassen, sollten Sie vorher wissen, was Sie unter Liebe verstehen und was Sie sich davon erwarten dürfen. Vor allem aber, was Sie sich keinesfalls erwarten sollten**

*1. Drei simple Worte, die Sie in Teufels Küche bringen können: »Ich liebe Dich«*
*2. Sagen Sie »Ich liebe mich selbst am meisten«, dann kann kein noch so abgebrühter Gegner Sie enttäuschen*
*3. Treue ist wie ein Fußballmatch, bei dem das Ergebnis vorher festgelegt wird*
*4. Fünf Fragen, ehe Sie das Spiel beginnen*

# 1

## *Drei simple Worte, die Sie in Teufels Küche bringen können: »Ich liebe Dich«*

Was veranlasst einen Menschen, einen anderen zu lieben? Und was löst die so genannte Sehnsucht nach Liebe bei einem Menschen aus? Diese zwei Fragen sind der Schlüssel zum Spiel mit der Liebe. Wohlgemerkt, zum Spiel mit der Liebe. Denn niemand kann wirklich sagen, ob es so etwas wie Liebe tatsächlich gibt. Oder ob sie nur von Schlauen erfunden wurde, als eines der raffiniertesten Instrumente der Manipulation.

Wie bei anderen Lebensspielen auch, können Sie offensiv oder defensiv an einem Spiel mit der Liebe teilnehmen. Offensiv heißt, zum Beispiel, dass Sie jemandem versichern: »Ich liebe Dich.«

Mit dieser Erklärung ist das Spiel eröffnet. Welchen Verlauf es nimmt, hängt von den folgenden acht Faktoren ab.

Faktor 1:
Lieben Sie den Gegner in diesem Spiel wirklich,

oder verfolgen Sie mit Ihrer Aussage nur ein taktisches Ziel?

Faktor 2:
Was verstehen Sie unter Liebe, und was versteht der Gegner darunter?

Faktor 3:
Welches Ziel verfolgen Sie. Ein kurzfristiges oder ein langfristiges?

Faktor 4:
Wie reagiert der Gegner auf diesen Eröffnungszug, emotional oder taktisch zurückhaltend? Glaubt er Ihnen, oder durchschaut er Ihre wahre Absicht?

Faktor 5:
Wenn der Gegner zurückhaltend reagiert, wie begegnen Sie diesem Spielzug? Ziehen Sie sich zurück und warten ab, oder wagen Sie sich weiter vor? Etwa mit der verhängnisvollen Ankündigung: »Ich habe noch nie jemanden so geliebt wie Dich und möchte Dich heiraten.«

Faktor 6:
Nimmt der Gegner dieses Versprechen ernst. Oder kalkuliert er, welchen Vorteil er daraus ziehen könn-

te? Es kann natürlich auch sein, dass er Sie mindestens genauso liebt, wie Sie ihn. Aber die Frage ist: Zeigt er es Ihnen, oder lässt er Sie noch ein Weile zappeln?
Sicher ist zu diesem Zeitpunkt des Spielverlaufs lediglich, dass Sie deutlich im Nachteil sind. Es sei denn, der Gegner begeht den taktischen Fehler und gesteht seinerseits: »Ich liebe Dich auch.« In diesem Fall stünde das Spiel jetzt unentschieden.
Aber woher wollen Sie in Ihrer Ungeduld wissen, dass er es ehrlich meint? Vielleicht weiß der Gegner, den Sie schon in der Tasche zu haben glauben, inzwischen ganz genau, wie er Ihr Geständnis für sich ausnützen will. Aber er zeigt es nicht.

Faktor 7:
Sicher ist: Sie haben sich mit diesen drei Worten »Ich liebe Dich« und dem Heiratsversprechen in Zugzwang gebracht. Was werden Sie jetzt tun?

Faktor 8:
Wenn Sie schließlich doch heiraten, beginnt ein völlig neues Spiel unter ganz anderen Voraussetzungen. Aber es erhebt sich die Frage: Sind Sie diesem Spiel gewachsen oder endet es an dem Punkt, von dem der Militärstratege Clausewitz sagt: »Der Krieg ist die Fortsetzung der Diplomatie mit anderen Mitteln«?

Nicht zufällig ist uns allen der Ausdruck »Ehekrieg« viel geläufiger als das Wort »Ehespiel«.

Wie Sie unschwer erkennen werden, könnten wir über die möglichen Folgen des Spielzuges »Ich liebe Dich« noch beliebig weiterspekulieren. Ich tu es aus verständlichen Gründen nicht. Es könnte ja sein, dass dadurch bei Ihnen peinliche Erinnerungen an eigene schwere Fehler im Liebesspiel geweckt würden. Das ist aber nicht die Absicht dieses Buches.

Was gesagt werden sollte, ist dies: Es kann nicht eindringlich genug davor gewarnt werden, sich auf das Spiel mit der Liebe einzulassen, ohne die Regeln genau zu kennen. Eine der wichtigsten lautet: Beginnen Sie kein Spiel ohne mindestens eine brauchbare Alternative in der Hinterhand.

## 2

## *Sagen Sie »Ich liebe mich selbst am meisten«, dann kann kein noch so abgebrühter Gegner Sie enttäuschen*

Es gehört zum Standard-Repertoire der Schlauen unter uns, dass sie den Gegner im Spiel richtig einschätzen, ehe sie ihre Taktik festlegen. Kaum jemals werden sie sich mit einem anderen Schlauen einlassen, von dem sie nicht sicher wissen, ob er nicht noch viel skrupelloser ist als sie selbst.

Ihr natürliches Opfer ist naturgemäß ein schwacher Gegner, der alles glaubt, wenn es ihm nur zum richtigen Zeitpunkt wortreich und oft genug eingeredet wird. Er wird es glauben, weil er es glauben will. Dumme sind schließlich deshalb so leicht zu verführen, weil sie selbst nicht wissen, was sie wollen, und ein Leben lang darauf warten, dass andere es ihnen sagen.

Wenn ein Schlauer das Liebesspiel spielt, besitzt er ein klares Ziel. Er will sich selbst erhöhen und dazu braucht er einen Gegner, den er um den Finger wickeln kann. Die Liebe ist dabei nur ein Mittel zum Zweck.

Was der Schlaue keinesfalls besitzen darf, sind Skrupel. Er mag einem gutgläubigen Gegner noch so treuherzig versichern »Ich liebe Dich«, niemals darf er ein Versprechen eingehen, das er nicht jederzeit zu brechen bereit wäre.

Schlaue nützen geschickt die weit verbreitete Illusion, Liebe sei etwas, das erstrebenswerter ist als alles andere im Leben eines Menschen. Millionen Menschen glauben daran und werden immer wieder enttäuscht. Der häufigste Grund dafür sind die zu hohen Erwartungen, denen kein Partner aus Fleisch und Blut gerecht werden kann.

Vermutlich wurde diese Art von Liebe überhaupt nur erfunden, damit sich romantische Charaktere in ihren Träumen und Hoffnungen daran klammern können. Aber wer das Ergebnis eines Vorhabens seinen Träumen, Hoffnungen und unerfüllbaren Erwartungen überlässt, darf sich nicht wundern, wenn er immer zu den Opfern gehört.

Wie, werden Sie jetzt vermutlich fragen, würde sich denn nun ein so genannter Gescheiter im Liebesspiel verhalten? Nun, er würde kein Spiel beginnen, ohne mindestens eine brauchbare Alternative zu besitzen. Die stärkste Alternative der Gescheiten lautet: »Ich liebe mich selbst mehr, als irgendjemand anderen.«

Er würde – gleichgültig ob Mann oder Frau – niemals ein Liebesspiel mit den verhängnisvollen drei Worten einleiten. Er lechzt nicht nach Liebe, die von irgendjemand anderem abhängig ist als von ihm selbst. Vielleicht lechzt er nach sexueller Befriedigung, nach einer Familie mit vielen Kindern oder einfach nach einem Menschen, mit dem er sein Glück teilen kann. Aber zwei Fehler würde der Gescheite nie machen:

- Er überlässt es weder dem Zufall oder jemand anderem, ob und wie sich sein Wunsch erfüllt.
- Er würde sich auch nicht an eine Lösung klammern, mit der er sich in die Abhängigkeit des Gegenspielers begibt.

Wenn ein Spieler dem Gegner sagt: »Ich liebe Dich«, weiß keiner von beiden ganz genau, was er davon halten kann. Der Angreifer hält bedeckt, was er wirklich im Schilde führt. Im Verteidiger erweckt die Botschaft vielleicht Hoffnungen, die der andere niemals erwecken wollte.

Die Enttäuschung ist also programmiert. Und mit der Enttäuschung endet ein Spiel auf dem Schlachtfeld, auf dem viele Partnerschaften zugrunde gehen, die so hoffnungsvoll beginnen.

Wenn ein Gescheiter sich auf ein Liebesspiel einlässt, unterscheidet er sich von anderen in zwei Punkten:

- Er will seinen Gegner nicht besiegen. Denn jeder Sieg bedeutet Unterwerfung. Und es gibt keine schlechtere Voraussetzung für gemeinsames Liebesglück, als wenn ein Gegner auf Kosten des anderen triumphieren möchte.
- Er liebt sich selbst und sucht nach niemanden, der ihm etwas geben soll, was er selbst nicht imstande ist, sich zu geben. Verstehen Sie, was das bedeutet?

Es bedeutet: Der Gescheite braucht weder bei sich selbst noch bei seinem Gegner falsche Erwartungen zu erwecken. Mit anderen Worten, er betrachtet den Gegner nicht als Gegner, sondern tritt ihm als Partner gegenüber, mit dem er gemeinsam etwas erreichen möchte, was keiner von ihnen allein erreichen könnte. Was natürlich keinesfalls heißen muss, dass der Andere seinerseits bereit ist, dieses Angebot anzunehmen.

In diesem Fall würde sich ein Gescheiter vermutlich an eine Anleitung in der »Egoisten-Bibel« erinnern. Dort heißt es: »Wenn eine Entscheidung falsch war, ziehst Du ohne Zögern die Konsequenz. Es ist besser, einen Fehler rechtzeitig einzusehen, als wider besseres Wissen ins Verderben zu rennen.«

Natürlich erhebt sich jetzt die Frage: Wie wird jemand reagieren, wenn Sie ihm statt »Ich liebe Dich« ganz einfach sagen: »Ich liebe mich selbst mehr, als irgendjemand anderen?«

Wie würden *Sie* reagieren?

## 3

## *Treue ist wie ein Fußballmatch, bei dem das Ergebnis vorher festgelegt wird*

Wann immer Sie sich auf ein Spiel mit der Liebe einlassen: Sie sollten vorher wissen, was Sie unter Liebe verstehen und was Sie sich davon erwarten. Vor allem aber, was Sie sich davon keinesfalls erwarten sollten.

Wenn die Ankündigung: »Ich liebe Dich« jeden Spieler in Zugzwang bringt, dann beschwört die Ankündigung: »Ich werde um Deine Liebe kämpfen« das vorzeitige Ende des Bemühens geradezu herauf.

Weil jeder Kampf Sieger und Verlierer produziert, ist es unvermeidlich, dass ein Unterlegener nach Rache dürstet. Und wie wir alle wissen, sind ganz besonders in ihrer Würde gekränkte Frauen unberechenbar. Vor allem dann, wenn sie sich mit gewieften Scheidungsanwälten zusammentun.

Der Vorsatz, sich auf ewige Zeiten treu zu sein, mag ein guter Ansatz für eine Familiengründung sein.

Für das Liebesspiel ist er ungeeignet. Das Wesen der Liebe ist ihre Vergänglichkeit. Diese Eigenschaft bestimmt auch die Dramaturgie des Spiels: Der Verlauf ist ungewiss, aber das Ende ist absehbar.

Die Entscheidung – freiwillig oder erzwungen – zur endgültigen Bindung an eine Sache oder einen Menschen ist das Ende jedes Spiels. Es ist, als würden zwei Fußballteams zu einem Match antreten, aber das Ergebnis ist von vorneherein festgelegt. Es gäbe keine Überraschung, keine Spannung und keinen Ansporn mehr. Auch keine Chance, durch das Spiel gegeneinander zum Miteinander als dramaturgischen Höhepunkt zu gelangen.

Wenn einer der Gegner im Verlauf eines Spiels vorzeitig resigniert, ist zu erwarten, dass der andere sehr bald das Interesse an ihm verliert. Er wird sich neue Herausforderungen und damit einen neuen Gegner für das Liebesspiel suchen. Er steht dann allerdings auch vor der Frage: Wie werde ich den uninteressant gewordenen Gegner los, und welchen Preis muss ich dafür bezahlen?

Der durch einen Treuebruch enttäuschte Spieler hat zwei Möglichkeiten. Entweder er flüchtet in Selbstmitleid und macht den Gegner ganz allein für das

Scheitern der Beziehung verantwortlich. Oder er sucht sich seinerseits einen neuen Gegner.

Das bedeutet natürlich keinesfalls, dass er aus seiner bitteren Erfahrung für zukünftige Spiele die richtigen Lehren zieht. Nicht selten tappen Enttäuschte immer wieder in die gleiche Falle. Aber es ist schließlich ein Merkmal der Dummen, die gleichen Fehler immer wieder zu machen.

Nicht selten führt die Enttäuschung über einen Treuebruch auch dazu, dass ein Betroffener für den Rest seines Lebens jedem weiteren Liebesspiel aus dem Weg geht. Zu den gebräuchlichen Begründungen dieses Verhaltens gehört es, sich einzureden: »Ich möchte nie wieder in meinen Gefühlen so verletzt werden.« Oder: »Die wahre Liebe ist doch nur ein unerfüllter Traum.«

Wie Sie richtig vermuten, gäbe es noch viele Seiten über die Liebe zu schreiben. Über ihre erfreulichen und ihre nachteiligen Aspekte. Aber um die in allen ihren Facetten zu erleben, genügt es nicht, gute Ratschläge und wohlmeinende Warnungen zu sammeln, die man letzten Endes doch nicht befolgt. Es sei denn, leidvolle Erfahrungen schrecken uns vor Wiederholung ab.

Ein Spiel ist ein Spiel und kein Kampf, in dem man unbedingt siegen oder verlieren muss. Selbst die bitterste Enttäuschung gibt dem Spieler noch immer die Möglichkeit, sich in stillen Stunden an die Zeiten zu erinnern, als man noch nicht ahnte, was alles noch auf einen zukommen sollte.

# 4

## *Fünf Fragen, ehe Sie das Spiel beginnen*

1. Was erwarte ich mir von meiner Liebe und was sollte ich mir keinesfalls erwarten?
2. Wie wichtig ist es mir, geliebt zu werden – und warum?
3. Was werde ich tun, wenn die Liebe nachlässt und der graue Alltag beginnt?
4. Liebe ich mich eigentlich selbst genug. Oder erwarte ich von jemand anderem etwas, was ich mir selbst nicht geben kann?
5. Was habe ich aus den Enttäuschungen gelernt, die ich hinter mir habe?

# 4. Das Manipulations-Spiel

## Wer die Regeln der Manipulation nicht befolgt, darf sich nicht wundern, wenn andere ihn ein Leben lang für ihre Zwecke benützen

*1. Sie können einen Gegner täuschen. Oder Sie gewinnen ihn als Partner, mit dem Sie gemeinsam mehr erreichen als allein*
*2. Wie man die Angel auswirft, damit der richtige Fisch nach dem Köder schnappt*
*3. Einige taktische Anregungen, dem Spiel die entscheidende Wendung zu geben*
*4. Wer gelernt hat, sich selbst zu manipulieren, hat mit den meisten Gegnern ein leichtes Spiel*
*5. Fünf Fragen, ehe Sie das Spiel beginnen*

*1*

## *Sie können einen Gegner täuschen. Oder Sie gewinnen ihn als Partner, mit dem Sie gemeinsam mehr erreichen als allein*

Ehe Sie sich auf ein manipulatives Spiel einlassen, sollten Sie sich über Ihre eigene Position im Klaren sein: Wollen Sie Ihren Gegner täuschen. Oder wollen Sie ihn überzeugen?

Einen Gegner zu täuschen bedeutet: Wenn Sie erreicht haben, was Sie erreichen wollten, interessiert es Sie nicht mehr, was mit ihm geschieht.

Ein Standpunkt, wie er von den Schlauen zu allen Zeiten eingenommen wird, um Massen von Dummen für ihre Interessen einzuspannen. Auch wenn es sie Hab und Gut, vielleicht auch das Leben kostet. Wer die Strategie der Täuschung benützt, darf kein Mitleid kennen.

Natürlich ist das die von allen geduldete Methode der Politiker von heute, denen Wähler lästig sind, die nach Wahlen alle die Versprechungen einfordern, die vorher vollmundig gegeben wurden.

Einen Gegner zu überzeugen bedeutet: Sein Vertrauen zu gewinnen, damit Sie mit ihm gemeinsam Ziele erreichen, die Sie allein nicht erreichen könnten. In diesem Fall dient die Manipulation dazu, einen Begleiter für das Partner-Spiel zu gewinnen, von dem an anderer Stelle dieses Buches noch ausführlich die Rede sein wird.

Wenn Sie einen Gegner überzeugen möchten, gelten zwei unverrückbare Regeln:

1. Die stärkste Überzeugungskraft für andere ist Ihre eigene Überzeugung. Wenn Sie selbst nicht wissen, was Sie wollen, dürfen Sie sich nicht wundern, wenn Sie ein Leben lang von geschickten Manipulanten ausgenützt werden.
2. Nichts verpflichtet Ihnen einen Gegner mehr, als wenn er durch Sie etwas erreichen kann, was er allein nicht erreichen könnte. Es liegt an Ihnen, ihn davon zu überzeugen.

Die Manipulation findet täglich in so vielen Variationen statt, dass die meisten Menschen es gar nicht als ein Spiel wahrnehmen, an dem sie aktiv teilhaben könnten. Und warum nicht? Weil sie von ihren Erziehern rechtzeitig gelernt haben, Entscheidungen anderer ohne Widerspruch hinzunehmen, statt sie selbst für sich zu fällen.

Wie Sie bereits jetzt erkennen können, wird auch das Manipulations-Spiel nach innen und nach außen gespielt. Nach innen, wenn Sie sich selbst für das Erreichen eines Ziels motivieren – also in gewissem Sinne manipulieren. Nach außen, wenn es gilt, andere für Ihre Interessen einzusetzen. Sei es durch Täuschen oder durch Überzeugen.

»Ich soll mich selbst manipulieren?«, werden Sie jetzt zweifelnd fragen. Natürlich stoßen Sie sich an dieser Formulierung. Es liegt vermutlich daran, dass der Begriff der Manipulation in den vergangenen Jahrzehnten eine seltsame Wandlung erfahren hat.

Noch im Brockhaus-Lexikon von 1885 wird er so definiert: »Kunstgerechte Handhabung. Jede Verrichtung, wozu Geschicklichkeit notwendig ist.« Fast genau 100 Jahre später steht in Knaurs Lexikon unter dem Begriff »Manipulation«: »Machenschaften. Indoktrination. Beeinflussung. Verführung. Verhetzung. Demagogie. Betrug.«

An diesem Vergleich können Sie sehen, wie der Begriff selbst im Verlauf eines Jahrhunderts das Opfer der Manipulation geworden ist. Von der Kunst wurde er zum Betrug reduziert. Warum sollten wir die Manipulation also nicht einfach wieder zur Kunst erheben? Zur Kunst, andere zu unserem Vorteil einzusetzen?

Natürlich ist das auch Verführung, Indoktrination und Beeinflussung. Aber was soll Schlimmes daran sein, wenn Werbung und Politik, Ihr Vorgesetzter oder Untergebener, Ihre Nachbarn und Kinder Sie tagtäglich zum manipulativen Spiel herausfordern? Und das nur mit dem einen Ziel: Alle wollen den eigenen Vorteil, auch wenn es zu ihrem Nachteil ist.

Genau das ist nun einmal das Gesetz des eigenen Überlebens. Wir werden es nicht ändern, so sehr wir auch meinen, dass die Welt voll von freundlichen, liebenden, rücksichtsvollen, selbstlosen Menschen sein sollte.

Manipulation ist Bestandteil unseres Lebens. Ein Spiel jeder gegen jeden, in dem alle die gleichen Chancen haben. Vorausgesetzt natürlich, sie spielen aktiv mit und lernen die Regeln. Statt sich in den Schmollwinkel zurückzuziehen und darüber zu jammern, wie egoistisch die Welt um uns herum doch geworden ist. Sie ist nicht so geworden. Sie war schon immer so und wird es auch in absehbarer Zeit bleiben.

Erst wenn Sie begriffen haben, dass alle Menschen Egoisten sind, die – allen anderen scheinheiligen Beteuerungen zum Trotz – zu allererst das eigene Wohl im Auge haben, sind Sie reif für das manipulative Spiel. Darüber sollten Sie sich im Klaren sein.

## 2

## *Wie man die Angel auswirft, damit der richtige Fisch nach dem Köder schnappt*

Das Manipulations-Spiel beginnt mit der Entscheidung: Ich habe ein Ziel und brauche andere Menschen, um es zu erreichen. Die Aufgabe lautet: Wie bringe ich sie dazu, das zu tun, was ich von ihnen erwarte?

Es ist die Aufgabe, über die sich Heerscharen von professionellen Manipulanten in der ganzen Welt Tag für Tag die Köpfe zerbrechen. Ob sie nun über einem Fernsehspot für Katzenfutter brüten oder der Werbekampagne für den nächsten Präsidenten der Vereinigten Staaten. Immer lautet die erste Frage: Wie schaffen wir Aufmerksamkeit für unsere Botschaft?

Es gibt unendlich viele Möglichkeiten, andere Menschen auf sich aufmerksam zu machen, ehe man sie in sein Spiel einbeziehen kann. Oft genügt ein besonderer Blick, eine ungewohnte Geste oder ein provokantes Wort, das der Zielperson signalisiert: Ich bin bereit – spielst Du mit?

Manche nennen diese Phase am Beginn eines Spiels das Angler-Syndrom. Der Fischer steht am Ufer und wirft seine Angel aus. Ob er erfolgreich ist, hängt von diesen vier Voraussetzungen ab:

- Steht er zur richtigen Zeit an der richtigen Stelle des Baches?
- Hängt der richtige Köder für den richtigen Fisch am richtigen Haken?
- Ist der Fisch hungrig oder döst er gerade satt hinter einem Stein im tiefen Wasser vor sich hin?
- Hat der Fischer die Geduld, solange zu warten, bis sein Opfer genau nach dem Köder Appetit hat, der am Haken hängt?

Wenn Sie diese vier Voraussetzungen erfüllen, werden Sie kaum Schwierigkeiten haben, den richtigen Gegner für Ihr Spiel an die Angel zu bekommen.

Ob Sie Angler sind oder Werbetexter, oder einfach nur jemand, der das tägliche Manipulations-Spiel möglichst oft gewinnen möchte: Hier sind vier gebräuchliche Spiel-Eröffnungen, um auf sich aufmerksam zu machen:

1. Tun Sie das Gegenteil von dem, was alle anderen tun.

Wenn Sie immer nur bescheiden in der Masse untertauchen und warten, bis jemand zufällig auf Sie aufmerksam wird, warten Sie vielleicht Ihr ganzes Leben lang vergeblich.

2. Die gezielte Schmeichelei.
Sie kann gar nicht dick genug aufgetragen sein. Wir alle haben ein ungestilltes Bedürfnis danach, dass jemand kommt und uns versichert, wie gut, gescheit, schön oder begehrenswert wir sind.
Vielleicht durchschaut ein Gegner, dass Ihre Schmeichelei nichts anderes ist, als eine scheinheilige Lüge. Vielleicht durchschaut er es. Vielleicht auch nicht. Wichtig ist: Das Spiel ist eröffnet, der Fisch hat angebissen.

3. Die gezielte Provokation.
Wenn Sie von jemandem etwas wollen, gibt es immer zwei Möglichkeiten, ihn aufmerksam zu machen: Entweder Sie deklarieren sich als Bittsteller. Oder Sie fordern ihn heraus, indem Sie ihm sagen: »Ich bin der einzige, der Dich glücklich machen kann. Wenn Du diese einmalige Chance versäumst, wirst Du es wahrscheinlich Dein ganzes Leben lang bedauern.«

4. Die Stehaufmännchen-Methode.
Wenn der erste, zweite oder dritte Versuch einer Anbahnung scheitert, sollten Sie nicht einfach mit einer

der üblichen Ausreden die Flinte ins Korn werfen. Lernen Sie aus jedem Ihrer Fehler und machen Sie weiter. Es ist dabei völlig unerheblich, ob Sie mit Ihrer Beharrlichkeit einem potenziellen Gegner auf die Nerven gehen.

Viele von uns haben sich im Laufe ihres Lebens zu Meistern mehr oder weniger guter Ausreden entwickelt. Manche befriedigt eine gelungene Begründung für seine Ungeduld fast genauso, wie ein gewonnenes Spiel.

Auf diese Weise führen sie Scheingefechte gegen sich selbst, wenn sie den ersten misslungenen Versuch mit Argumenten rechtfertigen, wie:

- »Ich habe es ja versucht, aber der Andere hat mich nicht einmal beachtet.«
- Oder: »Ich habe geahnt, dass es auch diesmal nicht klappen wird.«
- Oder: »Ich bin mir doch viel zu gut dafür, jemandem ewig hinterherzulaufen.«

Eines sollten Sie wissen: Ein Sieg ist ein Sieg, eine Ausrede ist eben nur eine Ausrede. Der Maßstab jedes Sieges aber ist einzig und allein das Ergebnis Ihres Bemühens, gemessen an dem Ziel, das Sie sich gesteckt haben.

# 3

## *Einige taktische Anregungen, dem Spiel die entscheidende Wendung zu geben*

Die Aufmerksamkeit des Gegners zu erwecken, ist der erste Schritt. Der zweite besteht darin, ihn in das Spiel einzubeziehen. Oder, wie die abgebrühten Werbeleute sagen: »Wenn Du den Fisch am Haken hast, ziehe ihn behutsam an Land.«

Den Gegner einzubeziehen ist eine Frage der richtigen Taktik. Sie dürfen ihn nicht verschrecken, sonst ergreift er vorzeitig die Flucht. Deshalb ist es wichtig, ihm klar zu machen, dass er in diesem Spiel in jedem Fall gewinnen könnte.

Wohlgemerkt: Er soll den Eindruck haben, dass er gewinnen könnte. Das heißt aber keinesfalls, dass Sie selbst auch nur einen Augenblick lang daran zweifeln dürfen, dass allein Sie es sind, der den größten Vorteil hat.

Die wirklichen Meister des manipulativen Spiels gehen noch einen Schritt weiter: Sie erringen den totalen Sieg, aber sie lassen den Gegner im Glauben, er sei es, der als Gewinner das Spielfeld verlässt.

Im manipulativen Spiel gibt es zwei alles entscheidende Wendepunkte:

- Der Augenblick, in dem es sich entscheidet, ob der Gegner mitspielt oder kneift.
- Der Augenblick, in dem es sich entscheidet, wer das Spiel gewinnt.

Ehe Sie sich auf das Spiel einlassen, sollten Sie mit den Zusammenhängen vertraut sein, die auf dem Weg zum Sieg eine Rolle spielen:

- Wenn Sie die Aufmerksamkeit des Gegners erst einmal errungen haben, sollten Sie seine Gefühle ansprechen.
- Wenn Sie seine Gefühle erweckt haben, sollten Sie ihm vor Augen führen, dass Sie eine Lösung für sein Problem anzubieten haben. Und zwar nicht irgendeine Lösung, sondern die einzige, wahre und beste, die ihn glücklich macht.
- Wenn er jetzt an der Kippe steht, »Ja« oder »Nein« zu sagen, wird bei ihm noch ein warnender Funke des Zweifels aufglimmen. Das ist der Moment, in dem Sie rasch, bestimmt und ohne Zögern zuschlagen sollten. Auch, wenn es mit Risiko verbunden ist.

Es ist dies der Augenblick, in dem der Versicherungs-Verkäufer dem Kunden das Formular über den Tisch schiebt und entschlossen den Kugelschreiber für die Unterschrift in die Hand drückt.

Es ist der Moment der größten Spannung, in dem sich das Spiel entscheidet. Der Showdown, bei dem es sich zeigt, ob Sie alles richtig gemacht haben. Oder nicht.

Wenn der Gegner trotzdem der Entscheidung ausweicht, gilt auch hier das Prinzip der Beharrlichkeit. Sie wissen jetzt, dass irgendetwas schief gelaufen ist. Zeigen Sie trotzdem nicht die Spur einer Enttäuschung. Ganz im Gegenteil.

Unterstützen Sie den Gegner in seinem Zögern. Raten Sie ihm, noch einmal gründlich zu überlegen, welchen Vorteil eine Zustimmung für ihn hätte. Einen Vorteil, den er sich nicht entgehen lassen sollte, ehe es vielleicht zu spät ist.

Seien Sie dabei so überzeugend, dass der Eindruck entsteht, als sei Ihnen gar nicht so sehr Ihr eigener, sondern einzig und allein der Vorteil und die Zufriedenheit Ihres Gegners das Wichtigste in diesem Spiel.

Im Manipulations-Spiel zeigt sich sehr deutlich der Unterschied zwischen Spielen und Kämpfen. Der Kämpfer geht verbissen auf sein Ziel los. Er wirft eine Handgranate in den Bach und sammelt dann triumphierend die toten Fische ein. Er will gewinnen, und das um jeden Preis. Er lässt dem Gegner nicht die geringste Chance.

Wenn Sie diesen kämpferischen Weg bevorzugen, sollten Sie sich allerdings über eines im Klaren sein: Auf diese Weise werden Sie niemals einen Gegner als Partner gewinnen, mit dem Sie mehr erreichen könnten als allein.

Viele, die sich auf diese Weise hochgekämpft haben, mussten schmerzhaft erfahren, was es bedeutet, von gedemütigten Feinden verfolgt zu werden, die nur eines wollen: Rache.

## 4

## *Wer gelernt hat, sich selbst zu manipulieren, hat mit den meisten Gegnern ein leichtes Spiel*

Zu den ehernen Gesetzen jedes Spiels gehört die Forderung: Die größten Chancen haben Sie erst dann, wenn Sie sich selbst genauso gut kennen wie den Gegner.

Mit dieser Erkenntnis verhält es sich ähnlich wie mit dem christlichen Gebot: »Liebe Deinen Nächsten, wie Dich selbst.« Vordringlich wird die Liebe zum Nächsten eingefordert, statt sich vorher die Frage zu stellen: »Wie sehr liebe ich mich eigentlich selbst?«

Ehe Sie gegen einen Gegner antreten, ist es unerlässlich, Ihre eigenen Stärken und Schwächen zu kennen.

Erinnern Sie sich noch an die unverrückbaren Regeln, wie: »Die stärkste Überzeugungskraft für andere hat die eigene Überzeugung?« Oder: »Wenn Sie nicht an den Sieg glauben, dürfen Sie sich nicht wundern, wenn Sie ein Spiel verlieren.«

Im manipulativen Spiel gibt es zwei Typen von Gegnern: Die einen werden nicht müde, Ihnen vorzuschreiben, was für Sie falsch oder richtig ist. So, als wären sie allein die Hüter von Wahrheit und Gesetz. Die anderen strahlen durch ihr Auftreten eine so überzeugende Sicherheit aus, dass Sie unwillkürlich denken: »Verdammt noch einmal, so selbstbewusst wie der möchte ich auch sein.«

Im Grunde genommen treffen in jedem Spiel zwei Gegner mit den gleichen Voraussetzungen aufeinander. Beide haben Ängste und Schwächen, beide wollen ein möglichst hohes Maß an persönlichem Glück und individueller Befriedigung. Was den Sieger vom Verlierer unterscheidet, ist allein die Fähigkeit, das innere Spiel mit sich selbst zu gewinnen, ehe er sich der Konfrontation mit einem Anderen stellt.

Oder, um es in der Sprache der »Egoisten-Bibel« auszudrücken:

- Wenn einer aus der Kaste der Schlauen auf einen Gegner aus der großen Masse der Dummen trifft, genügt es bereits, wenn er statt Taten zu setzen leere Versprechungen macht und verlockende Hoffnungen erweckt.
- Wenn Gescheite einem Gegner gegenübertreten,

haben sie es nicht notwendig, viel Lärm zu machen, um von ihren eigenen Ängsten und Schwächen abzulenken.

Man kann sagen, dass die meisten Spiele des Lebens nicht erst während des Aufeinandertreffens der beiden Kontrahenten, sondern schon vorher in ihren Köpfen entschieden werden:

- Nur wer gelernt hat, seine eigenen Ängste zu meistern, kann am besten die Ängste des Gegners erkennen und nützen.
- Wer an sich selbst und seine Ziele glaubt, ist jedem Gegner überlegen, der daran zweifelt, ob er überhaupt eine Chance hat.
- Wer sich selbst liebt, braucht nicht hinter einem Gegner herzuhecheln, um die Liebe zu gewinnen, die er sich selbst nicht geben kann.
- Wer die Kraft besitzt, auf alles zu verzichten, was er nicht spielerisch erringen kann, wird geduldig auf die nächste Chance warten. Statt voll Ungeduld den Gegner mit Gewalt in die Knie zwingen zu wollen.

Mit anderen Worten: Wenn es Ihnen gelingen sollte, einen Gegner zu besiegen, der noch mehr Angst hatte als Sie, mag es durchaus ein Gewinn für Sie sein. Wie aber werden Sie sich beim nächsten Spiel verhalten, wenn Sie einen Gegner vor sich haben, der auch bei Ihren lautesten Drohgebärden nicht mit der Wimper zuckt. Weil er die Ängste durchschaut, die Sie verbergen wollen? Ganz zu schweigen, was Ihnen droht, wenn ein billiger Sieg Sie dazu verleitet, sich selbst maßlos zu überschätzen.

## 5

## *Fünf Fragen, ehe Sie das Spiel beginnen*

1. Wissen Sie ganz genau, warum Sie sich auf ein Spiel einlassen? Wenn Sie nur eine vage Vorstellung haben, kann es sein, dass der Gegner den Spieß umdreht und Sie für seine Interessen einspannt. Und Sie merken es gar nicht.
2. Haben Sie sich jetzt schon eine Entschuldigung zurechtgelegt für den Fall, dass Ihre Bemühungen misslingen? Wenn ja, sollten Sie zuerst den Glauben an sich selbst festigen.
3. Wie oft haben Sie schon ein Spiel knapp vor dem Sieg aus der Hand gegeben. Einfach nur aus Ungeduld?
4. Sind Sie sich, bei allem Selbstvertrauen, über Ihren schwächsten Punkt im Klaren? Damit Sie sich nicht vor dem Gegner eine Blöße geben.
5. Haben Sie vielleicht gar Gewissensbisse, einen Gegner gezielt in die Falle zu locken? Wenn ja, sollten Sie sich erst gar nicht auf ein manipulatives Spiel einlassen. Für selbstlose Märtyrer ist es genauso ungeeignet wie für Tierschützer der Angelsport.

## 5. Das Geduld-Spiel

**Alles hat seine Zeit, alles braucht seine Zeit. Vieles erledigt sich ganz von selbst, wenn Sie darauf warten können, bis der richtige Zeitpunkt gekommen ist**

*1. Das Spiel mit der Geduld ist ein Spiel gegen die Ungeduld, schneller ans Ziel zu kommen, als wir laufen können*
*2. Wenn Sie die Geduld haben, so lange zu warten, bis die Zeit für eine Sache reif ist, fällt sie Ihnen manchmal ganz von selbst in den Schoß*
*3. Die Ungeduld ist nichts anderes als eine Art von Flucht vor sich selbst*
*4. Fünf Fragen, ehe Sie das Spiel beginnen*

*1*

## *Das Spiel mit der Geduld ist ein Spiel gegen die Ungeduld, schneller ans Ziel zu kommen, als wir laufen können*

Es wird schon seine Richtigkeit haben, dass wir mehr als die Hälfte unseres Lebens damit verbringen, auf irgendetwas zu warten. Aber es liegen Welten dazwischen, ob wir es geduldig tun oder in quälender Ungeduld.

Geduld, was ist das eigentlich? Haben Sie darüber schon einmal nachgedacht? Geduld ist ganz offensichtlich die Fähigkeit, so lange warten zu können, bis der richtige Augenblick gekommen ist. Wie es scheint, ist den meisten von uns das Gefühl für den richtigen Augenblick längst verloren gegangen:

- Die Einen zögern eine Entscheidung so lange hinaus, bis es zu spät ist. Aus Angst, etwas falsch zu machen.
- Andere wollen die Suppe schon essen, obwohl sie noch zu heiß ist. Und sie wundern sich darüber, dass sie sich die Zunge verbrennen.
- Ganz zu schweigen von den aggressiven Typen, die sich einbilden, alles müsste genau dann gesche-

hen, wann und wie sie es sich in den Kopf gesetzt haben. Das sind die Kämpfer unter uns, die weder auf sich selbst noch auf andere Rücksicht nehmen.

Wie es scheint, gibt es drei Dimensionen der Ordnung, die unser Leben bestimmt:

- Die große Ordnung des Universums, wie Tag und Nacht, Ebbe und Flut und die vier Jahreszeiten.
- Dann gibt es die Ordnung unserer eigenen Natur, wie Hunger und Durst, Einatmen und Ausatmen, Wachsein und Schlafen, Unglück und Glück, Bedürfnis und Befriedigung.
- Und schließlich ist da noch diese seltsame Cyber-Dimension, die uns allmählich mit Haut und Haaren zu fressen droht: Die Einbildung, wir könnten den Lauf der Welt beschleunigen, weil sie sich zu langsam dreht.

Am südlichen Rand Chinas gibt es im Bergmassiv des Hindukusch das 80 000-Seelen-Volk der Hunza. In drei-, viertausend Metern Höhe leben sie ein Leben im Einklang mit der Natur. Sie leben so friedlich miteinander, dass sie weder Polizei noch Soldaten brauchen. Keiner stirbt an Herzinfarkt oder Krebs. Auch Zahnärzte sind überflüssig, weil die natürliche Nahrung dem Körper keinen Schaden zufügt.

Diese Hunza essen nur das, was sie selbst säen und ernten. Nichts wird konserviert, es sei denn, dass sie Birnen und Pflaumen für den Winter in der Sonne trocknen. Selbst das Brot backen sie erst, wenn es gebraucht wird.

Vor Jahren wollte der König, der in England eine Ausbildung genossen hatte, in der Hauptstadt die Elektrizität einführen. Man hatte ihn davon überzeugt, dass die Wasserfälle in der Nähe ideal für die Stromgewinnung wären.

Der Versuch, dem Bergvolk den Fortschritt des elektrischen Lichts zu bringen, scheiterte allerdings kläglich. Und wissen Sie warum? Sie werden es nicht glauben: Aber kein Hunza brauchte das Licht aus den Turbinen. Wozu auch. Er geht schlafen, wenn die Dunkelheit anbricht, und steht auf, wenn es hell wird.

So jedenfalls ging es noch vor einigen Jahrzehnten im Hunzaland zu. Aber wer weiß, vielleicht ist inzwischen auch dort schon der Fortschritt ausgebrochen, und die jungen Hunza fiebern voll Ungeduld der abendlichen Sportsendung im Fernsehen entgegen, wenn die Resultate der Fußballspiele bekannt gegeben werden.

Das Spiel mit der Geduld ist vor allem ein Spiel gegen die Ungeduld, schneller ans Ziel zu kommen, als wir laufen können. Oder, um es in der Sprache der Gescheiten auszudrücken: Alles hat seine Zeit, alles braucht seine Zeit. Vieles erledigt sich ganz von selbst, wenn man mit sich, der Zeit, dem Ort und den Umständen in Einklang ist.

## 2

## *Wenn Sie die Geduld haben, so lange zu warten, bis die Zeit für eine Sache reif ist, fällt sie Ihnen manchmal ganz von selbst in den Schoß*

Vielleicht sind Geduld und Ungeduld auch die entscheidenden Komponenten, die den Unterschied zwischen Spielen und Kämpfen ausmachen. Über beides entscheidet der Faktor Zeit. Wer sich nicht die Zeit nimmt, mit dem Gegner so lange geduldig zu spielen, bis sich zeigt, wer der Bessere ist, neigt nicht selten dazu, es mit Gewalt zu versuchen.

Wenn Sie einem Gegner gegenüberstehen, dem Sie heute unbedingt etwas verkaufen wollen, weil es morgen schon zu spät sein könnte, erhebt sich immer die Frage: Zu spät für wen?

Unter diesen Umständen sind folgende zwei Spiel-Varianten möglich:

1. Der Gegner hat es selbst eilig und nimmt sich nicht die Zeit, Ihr Angebot in aller Ruhe zu überprüfen. Sie gewinnen das Spiel, weil Sie einen noch ungeduldigeren Gegner vor sich hatten.

2. Der Gegner ist smart genug und erkennt, dass Sie es eilig haben, er aber nicht. Dann liegt es an ihm, Ihre Ungeduld auszunützen und den Preis so weit zu drücken, dass er einen größeren Gewinn dabei macht als Sie. Es liegt an Ihnen, nachträglich zu beurteilen, ob Ihnen die Ungeduld den Verlust wert gewesen ist.

Ganz anders wäre das Spiel verlaufen, wenn Sie in die Konfrontation mit dem festen Vorsatz eingetreten wären: Ich muss mein Angebot nicht unbedingt hier und heute und gerade diesem einen Gegner verkaufen. Ich kann warten, bis ich jemanden finde, der zu diesem Zeitpunkt genau das dringend braucht, was ich verkaufen will.

In diesem Fall befänden Sie sich in der umgekehrten Position wie im vorangegangenen Beispiel. Der Gegner ist in Zeitdruck, Sie aber besitzen etwas, was den Wert Ihres Angebots vervielfachen kann: Geduld.

Natürlich könnte ein geschickter Gegenspieler trotz seiner Eile so tun, als wäre er auf Sie gar nicht angewiesen. Das würde allerdings an Ihrer besseren Ausgangsposition nicht viel ändern: Sie sitzen am längeren Ast und können dem Gegner gelassen sagen:

»Wenn Sie Zeit genug haben, können Sie ja noch andere Angebote prüfen.«

Vielleicht fügen Sie noch ganz beiläufig hinzu: »Melden Sie sich doch wieder, wenn Sie auf mich zurückkommen möchten. Ich weiß allerdings nicht, ob ich dann den Preis von heute noch halten kann.«

Geduld und Ungeduld und der richtige Umgang mit dem Zeitfaktor sind, wie man sieht, entscheidende Einflüsse in solchen Spielen. Ganz im Sinne eines gewissen Sir Winston Churchill, Britanniens Premierminister während des Zweiten Weltkriegs. Er bemerkte einmal treffend: »Wenn man die Geduld besitzt, so lange zu warten, bis die Zeit für eine Sache reif ist, fällt einem manchmal der Erfolg ganz von selbst in den Schoß. Wenn man etwas zur falschen Zeit erzwingen will, erhält man oft für die doppelte Anstrengung nur die Hälfte dessen, was man erreichen wollte.«

Klingt einleuchtend. Finden Sie nicht auch?

## 3

## *Die Ungeduld ist nichts anderes als eine Art von Flucht vor sich selbst*

Zwei Fragen sind es, die vielleicht für Sie interessant sein könnten: Wie lernt man Geduld. Und, woher kommt die quälende Ungeduld? Kann man das eine lernen, um nicht ein Opfer des anderen zu werden. Oder genügt es, die Ungeduld zu unterdrücken, bis ein Spiel zu unserem Gunsten gelaufen st.

Ungeduld ist zweifellos eine Krankheit unserer Zeit, die man, wie andere Leiden auch, auf zwei verschiedene Arten behandeln kann: Am Symptom oder durch Heilung an der Ursache.

Vermutlich beginnt die Heilung der Ungeduld an der Ursache mit dem Verständnis des Gesetzes von Werden, Wachsen und Vergehen. Das gilt für den Prozess des Alterns genauso wie für die Entwicklung von Wünschen, Bedürfnissen oder Ideen. Wenn Sie das Prinzip des natürlichen Wachsens aller Dinge im Leben missachten, wird Ihnen sehr bald das Gefühl für den richtigen Zeitpunkt des Entscheidens und Handelns verloren gehen.

Für das Spiel bedeutet das: Sie werden zum falschen Zeitpunkt angreifen oder sich zurückziehen. Statt geduldig abzuwarten, bis der Augenblick gekommen ist, an dem Sie genau dann Ihre größte Stärke einsetzen können, wenn der Gegner sich die größte Blöße gibt.

Geduld im Spiel bedeutet also, hellwach zu sein für den richtigen Zeitpunkt. Ungeduld bedeutet, den richtigen Zeitpunkt nicht zu erkennen, weil Sie einen Teil Ihrer Energie damit vergeuden, die Ungeduld zu unterdrücken.

Ob Sie die Ungeduld unterdrücken oder den falschen Zeitpunkt wählen, beides führt zum gleichen Ergebnis: Sie geben das Spiel aus der Hand und verschaffen jedem geschickten Gegner einen Vorteil. Das meinen die Gescheiten damit, wenn sie sagen: »Lass den ungeduldigen Gegner sich selbst besiegen, indem Du geduldig immer wieder seinen Angriffen ausweichst und sie ins Leere gehen lässt.«

Alles hat seine Zeit und alles braucht seine Zeit. Dieser Satz ist mehr, als nur ein gefälliger Kalenderspruch. Er bedeutet den gehörigen Respekt vor den Abläufen des Lebens, die wir nicht ändern können.

Oder, um es noch deutlicher zu formulieren: Die wir jetzt und hier nicht ändern können.

Es gibt die Annahme, dass die Ungeduld nichts anderes ist als eine Art von Flucht vor sich selbst. Und die Ursache jeder Flucht ist eine Angst, der wir uns nicht stellen wollen. Das bedeutet, dass Sie zuerst Ihr eigenes Spiel mit der Angst gewinnen müssen, ehe Sie sich in Geduld üben können.

Erinnern Sie sich noch an die vier Ängste, von denen im Zusammenhang mit den Spielen des Lebens schon die Rede war?

1. Die Angst, etwas falsch zu machen und dafür bestraft zu werden.
Diese Angst ist eine Flucht vor der Verantwortung sich selbst gegenüber. Wenn Sie Ihr Leben nach dem Vorsatz leben: Ich weiß selbst, was für mich falsch und richtig ist und übernehme dafür jederzeit die Verantwortung, gibt es keinen Grund mehr zu flüchten. Sie sind niemanden für Ihr Handeln Rechenschaft schuldig als sich selbst. Keiner kann Sie also zur Eile antreiben, die ihm mehr nützt als Ihnen.

2. Die Angst, etwas zu verlieren, woran man uns gewöhnt hat.

Wenn Ihnen jemand, den Sie lieben, damit droht: »Ich verlasse Dich, wenn Du mir nicht gibst, was ich verlange«, heißt das noch lange nicht, dass er Sie tatsächlich verlassen will. Er will Sie mit seiner Drohung vielleicht nur in die Enge treiben. Er spielt mit Ihrer Angst und will Sie überrumpeln.
Was aber geschieht, wenn Sie ganz ruhig erwidern: »Es tut mir Leid, dass Du mich verlässt. Ich wünsche Dir viel Glück«?
Sie haben damit, statt sich im ersten Schock geschlagen zu geben, vorerst einmal eine Pattstellung des Spiels erreicht. Der Gegner ist jetzt am Zug und muss reagieren. Geht er, oder ist er bereit weiterzuspielen.
Wenn er geht, bedeutet es nicht, dass er wirklich geht. Vielleicht blufft er nur und dreht sich – wenn Sie geduldig abwarten – an der Türe doch noch um, weil er einsieht, dass sein Vorhaben, Sie vorschnell in die Knie zu zwingen, ein falsches Manöver war.
Natürlich besteht die Möglichkeit, dass der Gegner zu stolz ist, seinen Fehler einzusehen, und er verlässt Sie wirklich. Was dann? Nun, dann sind Sie mit Ihrer Geduld noch immer besser dran, als wenn Sie ihm ungeduldig hinterherlaufen. Womit Sie das Spiel zwar noch nicht verloren hätten, aber die Initiative aus der Hand geben.

3. Die Angst vor dem Unvorhersehbaren.
Das so genannte Unvorhersehbare existiert genauso wie die Angst ausschließlich in Ihrem Kopf. Unvorhersehbar ist nur etwas, auf das Sie sich nicht entsprechend vorbereitet haben.
Wenn Sie Ihr Glück im Lotto suchen, wissen Sie nie, ob Sie das große Los gezogen haben. Ungeduldig harren Sie an jedem Wochenende auf die Ergebnisse. Erfüllt von der Angst, Sie könnten – wie schon so oft – unter den Verlierern sein.
Wenn Sie das Glück Ihres Lebens allerdings nicht dem »Unvorhersehbaren« überlassen, sondern nur sich selbst, haben Sie das Spiel mit dieser Angst-Variation rechtzeitig zu Ihrem Vorteil entschieden.

4. Die Angst, etwas zu versäumen.
Nichts kennzeichnet die Ungeduld deutlicher als die Angst, etwas zu versäumen. Sie ist der Teufelskreis des Spielens ohne ein wirkliches Ziel. Sie ist die Symptombehandlung der Krankheit, ohne zu wissen, woher sie kommt.
Ungeduld ist die permanente Bewegung, ohne jemals zur Ruhe zu kommen. Spannung ohne Entspannung. Die ständige Suche nach etwas Neuem, ohne sich die Zeit zu nehmen, das Alte zur Gänze zu nützen.

Wie Sie sehen, spitzt sich die Frage »Wie kann man Geduld lernen« auf diese eine Antwort zu: Lassen Sie die Ängste los, die Sie von anderen Menschen abhängig machen und begeben Sie sich auf den Weg zur Freiheit und Glück aus eigener Kraft.

## 4

## *Fünf Fragen, ehe Sie das Spiel beginnen*

1. Was, denken Sie, ist das bessere Mittel gegen die Ungeduld: zu hoffen, oder zu wissen?
2. Wer hat gestern darüber bestimmt, wie viel Zeit Sie für sich selbst zur Verfügung hatten?
3. Haben Sie es wirklich so eilig, wie Ihnen Ihr Gegner in seiner Ungeduld einreden möchte?
4. Warum setzen Sie sich nicht erst einmal hin, wenn Sie sich einbilden, Sie müssten an drei Orten gleichzeitig sein?
5. Wovor laufen Sie in Wahrheit davon, wenn Sie es ganz besonders eilig haben?

# 6. Das Macht-Spiel

## Die Macht über andere hält nur so lange an, bis der Gegner Ihre Schwächen durchschaut

*1. Wenn Sie sich für das Spiel mit der Macht entscheiden, sollten Sie wissen, wie weit Sie gehen dürfen*
*2. Der Kampf beginnt mit der Entscheidung: »Ich will allein herrschen und mich niemandem unterwerfen«*
*3. Wie man eine Strategie entwickelt, gegen die jede Macht machtlos wird*
*4. Fünf Fragen, ehe Sie das Spiel beginnen*

## 1

## *Wenn Sie sich für das Spiel mit der Macht entscheiden, sollten Sie wissen, wie weit Sie gehen dürfen*

Kein Lebensspiel steht so nahe an der Kippe, an der ein Spiel in Kampf übergeht, wie das Spiel mit der Macht. Entscheidend dafür ist allein das Motiv, warum Sie versuchen, Macht auszuüben:

- Unterdrücken Sie einen schwächeren Gegner, um sich über die Niederlage gegen einen stärkeren hinwegzutrösten?
- Wollen Sie andere beherrschen, um zu verbergen, wie wenig Sie imstande sind, sich selbst zu beherrschen?
- Sind Sie nur der Vollstrecker schlauer Fädenzieher, für die Sie – bewusst oder arglos – den Kopf hinhalten?

Welche Motive Sie auch immer bewegen mögen, eines sollten Sie wissen: Macht verschafft Ihnen nur so lange einen Vorteil, als sie nicht offen ausgeübt werden muss. Sobald ein Gegner durchschaut, dass Sie gar nicht so stark sind, wie Sie tun, ist der Vorteil auf seiner Seite.

Tatsache ist, dass die Wirkung jeder Art von Macht davon abhängt, ob sie ausgeübt oder nur gespielt wird. Wenn sie ausgeübt wird, brauchen Sie Handlanger, von denen Sie selbst abhängig sind. Wenn sie gespielt wird, gilt die Regel: »Ich lasse mir von niemandem in meine Karten schauen.«

Ohne Zweifel sind Macht-Spiele das bevorzugte Instrument der Schlauen zur Manipulation der Dummen in unserer Drei-Klassen-Gesellschaft. Ein Gescheiter würde Macht weder selbst ausüben noch sich ihr unterwerfen.

Warum nicht? Ganz einfach deshalb, weil keines der drei oben genannten Motive auf ihn zutrifft:

• Wenn er eine Niederlage erleidet, analysiert er die Ursachen und lernt daraus. Statt sich durch den Sieg über einen schwächeren Gegner darüber hinwegzutrösten.

• Der Gescheite kennt nicht nur seine Schwächen und Stärken, er bekennt sich auch dazu. Also besteht für ihn keine Notwendigkeit, etwas vorzutäuschen, was er nicht hat. Sonst würde er ja zur Kategorie der Dummen gehören, die nur alles das über sich wissen, was andere ihnen eingeredet haben.

• Der Gescheite weiß selbst, was er will, und besitzt einen Plan, aus eigener Kraft möglichst frei und glücklich zu sein. Dieses starke Bekenntnis zur persönlichen Freiheit bestärkt ihn im Widerstand gegen jeden Versuch, ihn für Macht-Interessen auszunützen.

Wie Sie sehen, ist das aktive Spiel mit der Macht ausschließlich den Schlauen vorbehalten. Es liegt also an Ihnen, Ihre Ausgangsposition klar zu definieren:

- Als Gescheiter ist das Wissen über die Möglichkeiten eines Macht-Spiels nichts weiter als eine nützliche Information dafür, wie man sich dagegen schützen kann.
- Als Dummer steht Ihnen die Alternative zur Verfügung, sich zu unterwerfen oder sich gescheit zu machen.
- Als Schlauer können Sie gar nicht genug darüber wissen, wie man einerseits Dumme abhängig macht. Andererseits stehen Sie bei diesem Bemühen ständig in Konkurrenz mit anderen Schlauen, die vielleicht noch eine Spur abgebrühter sind als Sie.

So gesehen steht jeder, der sich auf dieses Spiel einlässt, ständig vor der Entscheidung: Wie weit darf ich gehen, um meine Macht zu erhalten, ohne sie auszuüben? Sie auszuüben bedeutet, das Spiel als Kampf weiterzuführen, nach dem Prinzip des Generals Clausewitz, der Krieg sei die Fortführung der

Diplomatie mit anderen Mitteln. Aber der Kampf unterliegt, wie wir wissen, völlig anderen Regeln als das Spiel. Ganz davon zu schweigen, dass jeder, der sich auf den Kampf einlässt, dem Zwang des Siegens unterliegt.

Mit anderen Worten: Seine Niederlage ist nur eine Frage der Zeit.

## 2

## *Der Kampf beginnt mit der Entscheidung: »Ich will allein herrschen und mich niemandem unterwerfen«*

Wie es scheint, ist in vielen von uns ein archaischer Drang, Macht über andere auszuüben. Ein Kreislauf, in dem wir Opfer und Täter sind und in dem es immer nur um das Eine geht: Sich selbst erhöhen, indem wir andere erniedrigen.

Aber damit nicht genug: Jede Unterdrückung löst offensichtlich auch das Bedürfnis aus, die Erniedrigung zu kompensieren, indem wir andere unterdrücken. Auf diese Weise versuchen wir, ein Gleichgewicht in der Opfer-Täter-Situation herzustellen.

Solange dieser Kreislauf »Ich werde erniedrigt und erniedrige andere, um mich meinerseits wieder zu erhöhen« erhalten bleibt, ist die Chancengleichheit gegeben, die das Macht-Spiel vom Macht-Kampf unterscheidet.

Der Kampf um Macht beginnt spätestens mit der Entscheidung: »Ich will allein herrschen und mich niemandem unterwerfen.« Diese Zielsetzung erfordert das Dogma: »Wer nicht für mich ist, ist gegen mich und muss mit allen Mitteln daran gehindert werden, meine Macht zu gefährden.«

Wie leicht zu verstehen ist, bedeutet diese Absicht das Ende des Spiels, dessen Voraussetzung es ja ist, dass jeder Verlierer immer wieder eine Chance hat, die Niederlage durch einen eigenen Sieg aufzuarbeiten.

Dieser Sieg kann, aber er muss nicht unbedingt darin bestehen, am Unterdrücker Rache zu nehmen. Es genügt schon, einen schwächeren Gegner zu besiegen, um das eigene Selbstwertgefühl wieder ins Lot zu bringen. Oder, wie es Fußballtrainer gelegentlich in Fernseh-Interviews begründen: »Nach der Niederlage gegen X hat der Sieg gegen Y meiner Mannschaft wieder neues Selbstvertrauen gegeben.«

Wenn hier also von Macht als Spiel die Rede ist, sollten wir diese Zusammenhänge im Auge behalten. Ein Spiel ist demnach nur dann ein Spiel, wenn die Chance gewahrt bleibt, uns durch einen eigenen Sieg nach einer Niederlage zu rehabilitieren. Das Wesen des Macht-Kampfes wieder besteht darin, den Gegner spielunfähig zu machen. Wenn möglich für immer.

So gesehen, ergibt sich die Frage: Worin besteht denn nun eigentlich das, was wir unter Macht verstehen? Einerseits gilt die mittelalterliche Formel: »Kommt die Macht, dann fällt das Recht in Acht.« Das heißt, Diktatur als uneingeschränkte Machtausübung setzt jedes Recht außer Kraft, das nicht vom Machthaber ausgeht. Andererseits versteigen wir uns gelegentlich auch zu Behauptungen wie: »Ich werde alles für Dich tun, was in meiner Macht steht.«

Wie Sie sehen, verhält es sich mit dem Macht-Begriff nicht viel anders als mit der Manipulation. Jeder verwendet ihn so, wie es seinen Absichten nützt.

Welche Regeln gelten also für das Macht-Spiel, und wie können wir sie zu unserem Vorteil einsetzen? Hier sind einige Antworten:

1. Betrachten Sie jede Macht, die Sie ausüben, oder die andere über Sie ausüben, niemals als etwas, das sich nicht schon beim nächsten Spiel ändern könnte. Das setzt allerdings voraus, dass Sie sich durch nichts dazu verleiten lassen, das Macht-Spiel zum Kampf werden zu lassen.

2. Wenn Sie sich der Macht eines Anderen unterwerfen, ohne über den nächsten Spielzug nachzudenken, der Sie aus der Erniedrigung wieder zu neuem Selbstvertrauen führt, dürfen Sie sich nicht wundern, wenn Sie damit den Gegner ermutigen, Sie noch mehr zu unterdrücken.

3. Jeder ist nur so mächtig, wie andere daran glauben, dass er es ist. Wenn Sie sich diesem Glauben nicht kritiklos unterwerfen, sondern die Schwächen des Gegners hinter seiner gezeigten Stärke entdecken, sind Sie ihm einen Spielzug voraus.

4. Wenn Sie einmal die Macht errungen haben, liegt es an Ihnen, sich daran zu klammern oder ein Spiel daraus zu machen. Wenn Sie sich daran klammern, werden Sie garantiert eines Tages vom Thron gestürzt. Wenn Sie bereit sind, um die Macht weiter zu spielen, haben Sie nach jedem Absturz eine neue Chance. Der Gegner allerdings auch.

5. Je größer die Macht ist, die Sie besitzen, umso größer ist auch die Gefahr, nicht nur von einem stärkeren Gegner, sondern auch von der eigenen Eitelkeit besiegt zu werden.

## 3

## *Wie man eine Strategie entwickelt, gegen die jede Macht machtlos wird*

Wenn es um Macht und Machtausübung geht, sollten Sie nicht in den Fehler verfallen, dieses Problem allein den »Großen und Mächtigen« zuzuordnen. Machtkämpfe und Machtspiele – das kann gar nicht eindringlich genug betont werden – sind Bestandteile unseres Alltags:

- Eltern spielen mit ihren Kindern. Und umgekehrt.
- Der Staat und alle, die sich dahinter verbergen, üben Macht auf den einzelnen Bürger aus.
- Ganz zu schweigen von dem Machtanspruch, den eine Kirche an ihre Anhänger stellt, wenn sie fordert: »Es gibt nur unseren einen Gott. An keinen anderen darfst du glauben.«
- Wer immer seine Interessen mit Argumenten durchzusetzen versucht, wie: »Das Recht ist auf meiner Seite. Das rechtfertigt jede Gewalt« oder »Ich habe immer Recht, du bist im Unrecht«, verfolgt kein anderes Ziel, als den Gegner seiner Macht zu unterwerfen. Gleichgültig, ob die Macht mit Autorität, Geld oder Gewalt ausgeübt wird.

Das Spiel mit der Macht ist, wie Sie sehen, allgegenwärtig. Welche Chancen haben wir, uns der Unterwerfung zu entziehen?

Hier ist eine Strategie, die keine Macht der Welt besiegen kann. Sie lautet: »Wenn Du bereit bist, auf alles zu verzichten, womit man Dich erpressen will, bist Du ein freier Bürger.«

Natürlich ist das eine Forderung, von der kaum jemand meint, dass er ihr gerecht werden könnte. Schließlich würde das ja bedeuten, sogar den eigenen Tod in Kauf zu nehmen, um einem übermächtigen Gegner zu trotzen. Allerdings nur dann, wenn wir den kämpferischen Standpunkt beziehen: »Alles oder nichts.«

Ein wirklicher Spieler würde das vermutlich niemals tun. Für ihn gilt auch der größten Übermacht gegenüber das Prinzip: »Ich unterwerfe mich heute, damit ich meine Chance wahren kann, wenn der Gegner seine größte Schwäche zeigt.« Ein Spieler hört schließlich auch angesichts der größten Gefahr nicht auf zu spielen.

Wie fast alle anderen Spiele des Lebens, wird auch das Macht-Spiel auf zwei Ebenen gespielt: nach innen und nach außen:

- Wenn Sie an sich selbst mehr glauben als an irgendjemand anderen, sind Sie unbesiegbar gegen jeden Gegner, der Ihren Glauben dazu benützen will, Macht über Sie zu gewinnen.
- Wenn Sie sich von niemandem abhängig machen, kann niemand Sie mit Ihren Ängsten erpressen. So gesehen ist das Spiel mit der Angst ein wesentlicher Faktor bei der Ausübung von Macht.

Ehe Sie sich also auf ein Macht-Spiel einlassen, sollten Sie sich darüber im Klaren sein, was Ihnen Ihre eigene Freiheit wert ist. Und für welchen Gegenwert Sie bereit sind, diese Freiheit zu verkaufen. Oder einen Kompromiss zu schließen.

Oder, wie die »Egoisten-Bibel«, das Buch der Gescheiten, es beschreibt: »Weil die Freiheit in Deinem Geist verankert ist, bist Du in Deiner inneren Welt auch dann frei, wenn Dich jemand in ein Gefängnis sperrt. Das versteht man unter der Kunst, ein freier Mensch zu sein.«

## 4

## *Fünf Fragen, ehe Sie das Spiel beginnen*

1. Wie reagieren Sie sich ab, wenn Sie von einem übermächtigen Gegner besiegt worden sind?
2. Üben Sie in Ihrem eigenen Interesse Macht über Schwächere aus. Oder sind Sie ein Handlanger für die Machtausübung anderer?
3. Worauf wären Sie bereit zu verzichten, um Ihre Freiheit zu erhalten. Statt sich einer Macht zu unterwerfen?
4. Wenn Sie Macht gegen Schwächere ausüben – was wollen Sie damit verbergen?
5. Von wem werden Sie eigentlich selbst unterdrückt. Und warum lassen Sie es zu?

# 7. Das Reaktions-Spiel

## Wichtig ist nicht, dass Sie vernünftiger als der Gegner sind, sondern dass Sie auf jeden Angriff so reagieren, wie es der entscheidende Augenblick erfordert

*1. Es ist nicht die Vernunft allein, die den Ausgang eines Reaktions-Spiels bestimmt*
*2. Die richtige Entscheidung fällt in einem winzigen Augenblick, und alles hängt davon ab, wie gut Sie darauf vorbereitet sind*
*3. Lesen Sie hier die Geschichte des Tormanns, der keine Angst vor dem Elfmeter hat*
*4. Fünf Fragen, ehe Sie das Spiel beginnen*

## 1

## *Es ist nicht die Vernunft allein, die den Ausgang eines Reaktions-Spiels bestimmt*

Dutzende Male an jedem Tag sind wir angehalten, auf Anstöße zu reagieren. Anstöße von außen und von innen. Bestellen wir im Gasthaus Wein oder Bier, wenn die Kellnerin fragt? Essen wir das, was uns schmeckt? Oder entscheiden wir uns für eine grässliche Diät, weil es angeblich die Vernunft so verlangt?

Neben solchen trivialen Situationen gibt es weit tragende Entscheidungen, die manchmal sogar den weiteren Verlauf unseres Lebens bestimmen. Wie reagieren wir:

- Vernünftig und nach gründlicher Überlegung. Was aber, wenn wir nur Bruchteile einer Sekunde Zeit dafür haben?
- Emotional, weil die Gefühle mit uns durchgehen, wie ein Pferd, das ein bellender Hund erschreckt?
- Instinktiv aus dem Bauch heraus, völlig ohne Zutun der Vernunft und aller guten Vorsätze?

Wie, meinen Sie, sollten wir überhaupt auf Konfrontationen reagieren? Vielleicht sagen Sie jetzt ohne

Zögern: »Vor allem vernünftig.« Warum nur vernünftig? Weil man es uns – ganz besonders den Männern – so eingehämmert hat: Sei ruhig. Sei vernünftig. Handle nicht übereilt. Bändige Deinen Zorn! Pokerface, auch wenn Du in die Luft gehen könntest.

Auf diese Weise versucht man, uns zu vernunftbeherrschten Wesen zu trimmen, obwohl wir es gar nicht sind. Das ist die Ursache des Konflikts, der den meisten von uns ein Leben lang zu schaffen macht. Es ist der Kampf der Vernunft gegen die beiden anderen natürlichen Eigenschaften, die genauso Bestandteil unserer Persönlichkeit sind.

Wir bekämpfen sie und vergeuden damit Energie, statt sie sinnvoll im Reaktions-Spiel einzusetzen:

- Die Fähigkeit des bewussten Denkens im Rahmen der Maßstäbe, die uns vernünftig erscheinen. Oder die uns anerzogen wurden.
- Das emotionale Durchdringen von Dingen und Ereignissen, die unserer Vernunft nicht mehr zugänglich sind.
- Das instinktive Reagieren unserer ursprünglichen Natur. Ein Überbleibsel aus der Zeit, als der Mensch eine Gefahr erspüren musste, weil er noch nicht imstande war, sie denkend zu erfassen.

Seit die eifernden Denker und Aufklärer uns Menschen zum vernünftigen Wesen erhoben haben, besteht unsere Welt nur noch aus dem, was wissenschaftlich bewiesen, logisch zu definieren und mit dem Bewusstsein begreifbar ist.

Das Ergebnis dieser Mission bekommen wir täglich zu spüren. Die Prediger fordern unentwegt: vernünftig sein, Gefühle und Bedürfnisse unterdrücken und sich im Zweifelsfall auf das verlassen, was sie für uns vorgedacht haben.

Ja, ja, werden Sie jetzt denken, so irgendwie wird es schon sein. Aber was habe gerade ich damit zu tun? Gerade Sie? Es geht dabei um Sie und niemand anderen.

Nehmen Sie doch nur die Sache mit der Liebe, also diesem Gefühl, das wir für das schönste, erstrebenswerteste und erhabenste in unserem Leben halten. Wenn dieses Gefühl tatsächlich das ist, was wir von ihm erwarten, dann ist es etwas, das jeden Menschen zum einmaligen Individuum macht. Es hebt ihn über alle Vernunft hinaus, deren Ziel ja doch nur darin besteht, uns in eine gelenkte, funktionierende anonyme Masse einzuordnen. Auf diese Weise verkümmern unsere Gefühle immer mehr.

Um dieser Uniformierung des Verhaltens zu entrinnen, sehnen wir uns nach etwas, das uns Flügel verleiht, damit wir der Unterdrückung durch das hemmende Vernünftige davonschweben können.

Natürlich hört sich das ziemlich kitschig an. Allerdings nur für Leute, die Angst haben, ihren Gefühlen freien Lauf zu lassen. Sie ziehen sich lieber in ihren Käfig der Vernunft zurück. Eingesperrt mit ihren Bedürfnissen, die sie bedrängen. Aber die sie nicht befriedigen dürfen, weil die Vernunft es verbietet.

Nun ja, werden Sie sagen, wenn das Spiel mit der Liebe aber meistens doch nur ein Manipulations-Spiel ist, dann bleibt uns doch gar nichts anderes übrig als uns verdammt in Acht zu nehmen. Was hat das Ganze also mit dem Reaktions-Spiel zu tun, von dem hier ja die Rede ist?

Hier ist die Antwort: Das Reaktions-Spiel zu gewinnen bedeutet nicht mehr und nicht weniger, als jede der drei Möglichkeiten zum richtigen Zeitpunkt, auf die richtige Weise zur optimalen Bewältigung einer spontanen Konfrontation zu unserem größten Nutzen einzusetzen.

Es ist schließlich ein großer Unterschied, ob Sie sich der leidenschaftlichen Liebe hingeben, geschützt durch die vernünftige Entscheidung: Wenn ich diesen einmaligen Höhepunkt meiner Gefühle genießen kann, ist das noch lange kein Grund zu heiraten.

Oder ob Sie sich von Ihrer Vernunft befehlen lassen: Wenn ich die Leidenschaft der Liebe nicht für immer erhalten kann, wäre es unvernünftig, sie nur ein paar Augenblicke lang auszukosten.

## 2

## *Die richtige Entscheidung fällt in einem winzigen Augenblick, und alles hängt davon ab, wie gut Sie darauf vorbereitet sind*

Es liegt im Wesen des Reaktions-Spiels, dass es dabei immer um Augenblicke geht. Die Augenblicke der endgültigen Entscheidung. Auch wenn Sie eine Woche lang Zeit haben, sich darauf vorzubereiten, letzten Endes kommt der eine Moment, in dem Sie »Ja«, »Nein« oder »Vielleicht« sagen müssen.

Es sei denn, Sie entscheiden nicht selbst, sondern überlassen es Ihrem Gegner oder dem Zufall. Dann allerdings ist es gar nicht erforderlich, dass Sie wissen, wie das Reaktions-Spiel funktioniert und wie man es gewinnen könnte.

Auf den entscheidenden Moment spitzt sich also jeder Spielverlauf zu. Und manchmal haben wir dafür nicht einmal Bruchteile einer Sekunde Zeit, sondern Anstoß und Reaktion gehen ineinander über.

Sicherlich kennen Sie diese Situation: Sie fahren im Auto, plötzlich taucht dicht vor Ihnen völlig überraschend ein Hindernis auf. Wie reagieren Sie?

- Vernünftig, indem Sie überlegen, wie Sie sich verhalten sollen. Aber während Sie noch die vernünftigste Lösung suchen, ist das Spiel schon verloren. Die schwerfällige Vernunft hat Ihre spontane Reaktion verhindert.
- Emotional, indem Sie laut aufschreien und damit die Hemmung lösen. Dieser emotionale Befreiungsschlag kann durchaus dazu führen, dass Ihrem Instinkt noch Zeit genug zum Bremsbefehl bleibt.
- Instinktiv und gleichzeitig mit dem Auftauchen des Hindernisses. Zwischen Anstoß und Reaktion ist nichts. Kein Gedanke, kein Gefühl. Sie sind durch die ungehemmte Entfaltung des Instinkts eins mit dem Geschehen.

Nachher werden Sie sagen: »Ich habe keine Ahnung, wie ich es noch schaffen konnte. Aber *es* ist noch einmal alles gut gegangen.«

*»Es«* ist gut gegangen. Aber was ist diese mysteriöse ungelenkte, ungebremste Kraft des »Es« in uns, die schneller ist als alles bewusste Denken und Fühlen? Es ist jene Kraft, die wir so gründlich unterdrücken, dass es oft lebensgefährlicher Situationen bedarf, damit sie die Fesseln zerreißen kann, um uns zu hel-

fen. Vielleicht ist es nur deshalb so weit gekommen, weil diese Kraft von den denkenden, wissenden, vernünftigen Menschen den Stempel verpasst bekam: »Instinkt haben nur die Tiere. Wir aber sind vernünftige Wesen.«

Es ist jedermanns eigene Sache, auf welche Kräfte und Fähigkeiten er zurückgreift, um ein Reaktions-Spiel zu gewinnen. Sicher ist, dass Sie jedes Spiel verlieren, wenn Sie sich in Augenblicken spontaner Entscheidung nur Ihrer Vernunft bedienen.

Diese viel gerühmte Vernunft ist in den meisten Fällen mehr Hemmschuh als Hilfe. Nicht selten hat Sie ein instinktiv handelnder Gegner schon längst auf die Matte gelegt, während Sie noch immer über einer vernünftigen Lösung grübeln. Ist es nicht so?

## 3

## *Lesen Sie hier die Geschichte des Tormanns, der keine Angst vor dem Elfmeter hat*

Das Reaktions-Spiel ist gekennzeichnet durch eine Disposition, die man »Duell-Situation« nennen könnte. Jemand fordert Sie von Angesicht zu Angesicht zu einer Entscheidung heraus, von der er sich einen raschen Vorteil erwartet. Er versucht, ganz im Sinne des Manipulations-Spiels, Sie zu überzeugen, zu bluffen, zu überrumpeln.

So gesehen, ist das Reaktions-Spiel die Zuspitzung eines Manipulations-Spiels auf den einen Moment der Entscheidung. Es besteht nicht der geringste Zweifel, dass jener Spieler gewinnt, der zum richtigen Zeitpunkt richtig reagiert. Was aber ist richtig?

Um ganz ehrlich zu sein: Dieses »Richtig« gibt es nicht. Auch wenn sich die meisten Menschen verzweifelt daran klammern möchten. Etwas, das für uns alle in jeder Situation richtig, gut, korrekt und wirksam ist, gibt es wohl nur in den Köpfen der Dummen, die nicht selbst wissen, wer sie wirklich sind, was sie wirklich wollen und wie sie es aus eigener Kraft erreichen könnten.

Kein Wunder, dass sie die hilflosen Opfer der Schlauen sind, die ihnen unermüdlich alles das einreden, was sie in unübersehbaren Massen produzieren und an den Mann bringen müssen.

Wenn Sie in einer Duell-Situation so reagieren, wie alle anderen auch, könnten Sie das Spiel nur gewinnen, wenn der Gegner rein zufällig noch länger braucht als Sie, um eine richtige Lösung abzurufen. Wenn Sie aber den Sieg nicht dem Zufall überlassen, ist es – wie Sie wissen – erforderlich, Ihre größte Stärke einzusetzen, während der Gegner noch zögert.

Es gibt keine allgemeingültige Vorschrift für das richtige Reagieren. Aber vielleicht gibt Ihnen eine Geschichte zu denken, die bei den Gescheiten unter dem Titel »Keine Angst des Tormanns vor dem Elfmeter« bekannt ist.

Die Geschichte beginnt in dem Augenblick, in dem der Schiedsrichter nach einem Foul pfeift und auf den Elfmeterpunkt zeigt. Von jetzt an sind für einige Minuten 20 Spieler aus dem Match ausgeschlossen.

Alle Augen richten sich auf zwei Duellanten: einen Spieler und den gegnerischen Tormann.

Wenn der Torschuss gelingt, wird der Kommentator im Fernsehen meistens sagen: »Der Schuss war unhaltbar. Der Tormann hatte keine Chance.« Wahrscheinlich aber hatte der Tormann nur deshalb keine Chance, weil er genauso dachte, wie der ahnungslose Fernseh-Kommentator.

Wenn beide ihre Vernunft benützten, um das Elfmeter-Phänomen gründlich zu analysieren, kämen Sie vermutlich zu dem Schluss, dass der Tormann immer eine Chance hat, einen Elfmeterball zu erwischen. Immer. Und zwar aus folgenden fünf Gründen:

Erstens:
Wenn der Ball den Schuh des Schützen verlässt, fliegt er elf Meter weit auf das Tor zu. Nichts kann mehr seine Richtung verändern.

Zweitens:
Weil ein routinierter Schütze das weiß, nützt er seine Chance in den Augenblicken vor dem Abschuss: Er versucht, den Tormann durch Körpertäuschung in die Irre zu führen.

Drittens:
Wenn der Tormann seinen Blick auf den anlaufenden Schützen fixiert, um vorherzusehen, wohin er den Ball treten wird, konzentriert er sich zwar auf den Mann, aber nicht auf den Ball. Das runde Leder fliegt inzwischen elf Meter weit.
Wenn der Tormann nun versucht, die Konzentration vom Schützen auf den Ball umzulenken, ist die Wahrscheinlichkeit groß, dass er es in der kurzen Zeit nicht mehr schafft. Meistens wirft er dann seinen Körper dorthin, wo ihn der Schütze durch seine Täuschung hingelockt hat.

Viertens:
Ganz anders sieht es aus, wenn der Tormann sich von Anfang an auf nichts anderes konzentriert als auf den Ball. Wobei er den Schützen völlig unbeachtet lässt.
Der Tormann denkt also nicht: »Der Schütze läuft von links nach rechts an. Er wird den Ball vermutlich auf meine rechte Seite schießen.« Er denkt überhaupt nicht. Schon gar nicht denkt er daran, was der Schütze denken könnte.
Denn – und das gilt für den Einsatz von Vernunft, Emotion oder Instinkt ganz allgemein – der Elfmeter-Schuss vollzieht sich so blitzschnell, dass sich der Tormann einzig und allein auf seinen Instinkt verlassen muss.

Fünftes:
Wenn er sich also ganz auf den Ball konzentriert und sowohl das Denken als auch die Angst vor dem Versagen ausschalten kann, wird das eintreten, was man »Der Tormann ist eins mit dem Ball« nennt.
Nichts stört ihn. Kein Manöver des Schützen, keine Spekulation, kein Gefühl. Er sieht nicht, er hört nicht, er denkt nicht. Er ist eins mit dem Ball und fliegt mit ihm dorthin, wo er das Tor erreicht.

Es mag schon sein, dass Sie dieses Beispiel, wie man ein Elfmetertor verhindern könnte, persönlich völlig kalt lässt. Vielleicht deshalb, weil Sie für Fußball nicht viel übrig haben. Eines sollten Sie aber trotzdem bedenken: Es gibt nicht wenige Ehen oder Eltern-Kinder- und Chef-Untergebenen-Situationen, die jenem Duell zwischen Schützen und Tormann ziemlich ähnlich sind.

Jetzt jedenfalls wissen Sie, wie Sie sich bei solchen Reaktions-Spielen verhalten könnten. Vorausgesetzt natürlich, Sie haben verstanden, worum es hier geht.

## 4

## *Fünf Fragen, ehe Sie das Spiel beginnen*

1. Wie würden Sie reagieren, wenn Ihnen morgen der Arzt sagte: »Sie haben Krebs und werden nur mehr ein halbes Jahr leben?«
2. Wie möchten Sie in dieser Situation reagieren. Oder wollen Sie gar nicht daran denken, weil Sie Angst davor haben?
3. Warum schimpfen Sie nicht was das Zeug hält, wenn Ihnen danach zumute ist. Aus Rücksicht auf andere, oder aus Rücksicht auf sich selbst?
4. Welcher Ihrer natürlichen Instinkte, denken Sie, wird von Ihrer Vernunft am brutalsten unterdrückt. Und warum?
5. Wie bewerten Sie jetzt, nachdem Sie alles das hier gelesen haben, Ihre drei Reaktions-Kräfte Vernunft, Gefühl und Instinkt. Anders als vorher?

# 8. Das Glücks-Spiel

## Sie können Ihr Glück vom Zufall und von anderen Leuten abhängig machen. Oder Sie lösen die Probleme selbst, die Ihrem Glück im Wege stehen

## 1

## *Wenn uns das Geld allein nicht glücklich macht – was ist es dann?*

Wenn hier von Glücks-Spiel die Rede ist, denken Sie vielleicht unwillkürlich an Roulette, Poker und Bakkarat oder an die Nachricht vom jüngsten Millionengewinn im Lotto. Wie überhaupt die Meinung stark verbreitet ist, unser Glück sei vornehmlich vom Geld abhängig. Wenn möglich, in größeren Mengen.

Sollten Sie ebenfalls dieser Ansicht sein, hier die Klarstellung: Eine weltweite Studie von Glücksforschern ergab, dass die Menschen in den ärmsten Ländern genauso glücklich sind wie wir in unserem Wohlstand. Und 37 Prozent der reichsten Amerikaner sind weniger glücklich als der Durchschnittsbürger in den USA. Arbeitslose inbegriffen.

Wenn es also nicht das Geld ist, das uns glücklich macht, was ist es dann? Haben Sie eine Ahnung? Oder so etwas, wie eine eigene Definition? Wenn wir alle wie verrückt hinter dem großen Glück her sind, sollten wir wenigstens eine Vorstellung davon haben, worum es sich dabei handelt. Finden Sie nicht auch?

Vieles deutet darauf hin, dass es so etwas wie »das Glück« gar nicht wirklich gibt. Schon gar nicht als einen Zustand, den man einmal erwirbt, um ihn dann für den Rest seines Lebens zu besitzen. Demnach wäre Glück etwas, um das wir uns ein Leben lang bemühen müssen. Vorausgesetzt natürlich, wir sind entschlossen, an diesem Spiel überhaupt aktiv teilzunehmen.

Unter diesen Umständen besteht der erste Schritt darin, sich ein Ziel zu setzen. Und zwar ein Ziel, bei dem materielle Werte nicht die entscheidende Rolle spielen. Eher wäre das Gegenteil erstrebenswert: Das Ziel sollte so erhaben sein, dass es von Geld und Besitz und von dem, wie wir über andere und wie andere über uns denken, unabhängig ist.

»Wie soll das denn gehen?«, fragen Sie jetzt vermutlich. Schließlich wird unsere Welt doch vom Geld regiert. Vielleicht gehören Sie sogar zu den Tüchtigen, denen es vergönnt war, sich im harten Karrierekampf über die erste selbst verdiente Million zu freuen. Später könnten Sie dann Ihren Enkeln stolz versichern: »Damals, das war der glücklichste Tag in meinem ganzen Leben.«

Schön und gut. Aber darum geht es hier ja nicht. Hier geht es vielmehr darum, ob Sie eine Woche später auch noch glücklich waren, als die ganze schöne Million bei einer übermütigen Spekulation wieder verloren ging.

Was also könnte das für ein Lebensziel sein, in dem unser persönliches Glück die höchste Instanz darstellt? Könnte es die Freiheit sein, über sein Glück ganz allein selbst zu bestimmen?

Lesen Sie diesen einen Satz noch einmal in aller Ruhe nach: Die persönliche Freiheit, über unser Glück selbst zu bestimmen, als die oberste Instanz unseres Lebens.

Was halten Sie, zum Beispiel, davon:

- Sie allein bestimmen, was Sie glücklich macht.
- Was immer Sie auch entscheiden, Sie fragen nicht »Darf ich das« oder »Ist das falsch oder richtig?« oder »Wer verhilft mir zu meinem Glück.« Sie sagen vielmehr »Ich tue, was mich glücklich macht. Und alles, was mich glücklich macht, ist für mich erlaubt und richtig.«

- Was Sie besitzen, hängt nicht davon ab, ob es anderen gefällt, sondern nur davon, ob es Ihnen selbst gefällt.
- Ihr Ziel ist es nicht, immer noch mehr Geld zu verdienen, sondern nur so viel, dass Ihr Glück nicht vom Zwang des Geldverdienens abhängig ist.

Zugegeben, das alles klingt nach einer unerfüllbaren Träumerei. Aber ist es trotzdem nicht wert, es sich wenigstens vorzustellen, wenn Sie sich die Frage stellen: »Was würde mich in meinem Leben wirklich glücklich machen?«

Malen Sie es sich einmal aus, ohne eine Überlegung sofort mit der Killerphrase abzuwürgen: »So zu leben? Nein, das ist doch ganz unmöglich.« Ist es wirklich ganz unmöglich? Die Gescheiten in ihrer »Egoisten-Bibel« jedenfalls meinen: »Was Du Dir nicht vorstellen kannst, das kannst Du auch nicht erreichen.«

Es sich als ideale Möglichkeit auszudenken, bedeutet ja keinesfalls, sich einem Kompromiss zu verweigern, wenn es darum geht, ein Traumziel in die Tat umzusetzen. Hoch gesteckte Ziele erreicht man nun einmal nicht von heute auf morgen. Wenn man aber Schritt für Schritt auf dieses Ziel hinarbeitet, kann jeder kleine Teilerfolg mit einem großen Glückserlebnis belohnt werden.

Was nun das Glück als ein Spiel des Lebens betrifft, so könnte Ihnen bei Ihrer Suche nach einer Antwort auch die Theorie von der »Relativität des Glücklichseins« behilflich sein. Sie wird von Kennern auch als »Die Z+Z-Formel« bezeichnet.

Mit anderen Worten: Ihr relatives Glück gilt nur für den Zeitpunkt, an dem Sie das Ziel erreichen und den Erfolg als Glück empfinden. Von diesem Zeitpunkt an beginnt jedoch ein neues Spiel.

Die Relativität bezieht sich auch auf die Umstände bei Verfolgung und Erreichen des jeweiligen Ziels. Sie besagt, dass es nicht von Bedeutung ist, ob es sich dabei um die Besteigung des Mount Everest handelt. Oder darum, Sex mit einem ganz bestimmten Partner zu haben, nach dem Sie gerade verrückt sind. Entscheidend ist allein, das festgelegte Ziel zu verwirklichen.

Damit es kein Missverständnis gibt: Keine noch so gefinkelte Ausrede, mit der Sie sich über ein Versagen hinwegschwindeln, kann das Glück des Erfolgs ersetzen.

Die Relativität des Glücklichseins könnte durchaus eine Schlüsselrolle bei der Suche nach Ihrem eigenen großen Ziel spielen. Jedenfalls deuten Hinweise in der »Egoisten-Bibel« darauf hin. Dort heißt es wörtlich:

- Alles hat seine Zeit, alles braucht seine Zeit – auch die Entwicklung Deiner Persönlichkeit. Zuerst lernst Du das Leben, dann setzt Du das Gelernte um. Schließlich genießt Du das, was Du erreicht hast.
- Du reifst durch das Glück, aber genauso durch das Unglück. Wenn Du nicht unglücklich warst, kannst du nicht glücklich sein. Du reifst durch die Abhängigkeit für die Freiheit. Du hörst nie auf, vom einen für das andere zu lernen.

Es wäre zu wünschen, dass diese Hinweise Ihnen dabei helfen, sich auf das lebenslange Glücks-Spiel gründlich vorzubereiten. Wenn nicht, wäre es für Sie wahrscheinlich besser, das Spielfeld erst gar nicht zu betreten. Denn dort lauern, wie wir wissen, Heerscharen von professionellen Glücklich-Machern, die Ihnen vielleicht ein Glück verkaufen, das Sie in Wahrheit gar nicht brauchen können.

## 2

## *Sechs Anregungen, das Spiel zu gewinnen und sich nicht in die Falle locken zu lassen*

Wenn wir entschlossen sind, in das Glücks-Spiel aktiv einzusteigen, sind zwei Strategien erforderlich: die offensive und die defensive Strategie. Offensiv verfolgen wir den Weg zu einem konkreten, selbstbezogenen Ziel. Während wir uns defensiv davor schützen, in die Irre geführt zu werden.

Diese Wachsamkeit ist erforderlich, weil die Gegner verständlicherweise nicht daran interessiert sind, dass wir, ohne ihre Angebote zu beachten, auf persönliche Weise frei und glücklich werden.

Hier sind sechs Anregungen, die sich im Laufe der Zeit im Glücks-Spiel bewährt haben:
1. Anregung: Denken Sie nur an Ihr eigenes Glück. Auch dann, wenn es den Gegner, der Sie daran hindern möchte, unglücklich macht.
2. Anregung: Beneiden Sie niemanden, weil er scheinbar mehr ist oder mehr besitzt als Sie. Mehr besitzen heißt noch lange nicht, dass er auch glück-

licher ist. Das allein ist aber der Maßstab in jedem Spiel um persönliches Glück.

3. Anregung: Das Glück von gestern ist selten auch das Glück von heute. Weinen Sie dem Glück von gestern genauso wenig nach, wie Sie sich vor einem möglichen Unglück von morgen fürchten. Es würde Sie nur daran hindern, sich am Glück von heute hemmungslos zu erfreuen.

4. Anregung: Kümmern Sie sich nur um Ihr eigenes Glück und lassen Sie sich nicht in die Falle der sozialen Verantwortung locken. Niemand – auch wenn er es Ihnen tausend Male versichert – kann für das Glück eines anderen verantwortlich sein.

5. Anregung: Wenn Sie selbst nicht wissen, was Sie glücklich macht, reden es Ihnen andere ein. Das eigene Ziel und der Glaube daran, es erreichen zu können, ist der beste Schutz gegen alle vagen Versprechungen, dass Ihnen irgendwann einmal jemand alle Ihre Wünsche erfüllt.

6. Anregung: Wenn Sie genug Geld verdient haben, sollten Sie es dafür verwenden, glücklich zu sein. Es sei denn, es macht Sie noch glücklicher, mehr Geld zu besitzen, als Sie jemals ausgeben können.

## 3

## *Erwarten Sie vom Glück nicht mehr, als Sie bereit sind, dafür zu investieren*

Zur Relativität des Glücklichseins gehört das Prinzip von der Verhältnismäßigkeit der Investition. Ein Problem, das vielen Christen zu schaffen macht. Sie gehen in die Kirche, aber sie sind enttäuscht, wenn ihr Gott sie in größter Not im Stich lässt.

Der Grund dafür liegt in der Relativität ihres Glaubens. Für ein bisschen Glauben dürfen wir offensichtlich auch nicht die maximale Kraft göttlicher Unterstützung erwarten, die bekanntlich Berge versetzen könnte.

Was nun das Glück betrifft, so hat es genauso seinen Preis wie die Kraft des Glaubens: Für ein Minimum an Einsatz kann ich nicht ein Maximum an Gegenleistung erwarten. So einleuchtend das auch klingt, im Glücks-Spiel gehört es keineswegs zur Selbstverständlichkeit. Millionen Spieler investieren kleine Summen und hoffen beharrlich auf den Millionengewinn. Obwohl sie wissen sollten, das sie mit ihrer Erwartung kaum eine Chance haben, das Spiel zu gewinnen.

Natürlich ist es bequemer, auf das große Glück nur zu hoffen, statt eine angemessene Leistung dafür zu erbringen. Eine Hoffnung, und sei sie noch so begründet, ist schließlich doch nichts anderes als eine wackelige Krücke, um dem wirklichen Glück hinterherzuhumpeln.

Weil das Glück immer nur relativ sein kann, gibt es viele Möglichkeiten, es zu erlangen. Hier sind fünf der bekannten Spiel-Varianten:

1. Das Zufalls-Spiel.

Es begründet sich auf die Hoffnung, dass irgendwann jemand – und sei es nur ein gütiger Zufall – uns ein großes Glück beschert, für das wir nur eine minimale Leistung eingesetzt haben.
Weil es aber die bequemste Möglichkeit ist, das tatsächliche Glück durch eine vage Hoffnung zu ersetzen, wird diese Variante von Millionen Spielern bevorzugt. Nach jedem Spiel lautet dann das Stoßgebet der Verlierer: »Dieses Mal habe ich Pech gehabt, aber ich versuche es weiter.«

2. Das individuelle Spiel.

In dieser Variante steht jeder Spieler für sich allein und tritt nacheinander gegen zwei Gegner an, den inneren und den äußeren.

Der innere Gegner sind die Zweifel, dass er das Spiel nicht allein und aus eigener Kraft gewinnen könnte. Zu den äußeren Gegnern gehört die Verlockung, sich abhängig zu machen.

Wenn Ihnen also ein Gegner das Angebot macht: »Kaufen Sie heute, zahlen Sie später«, ist es eine Überlegung wert, ob es Sie wirklich glücklich macht, an jedem weiteren Morgen mit dem Gedanken aufzuwachen, dass Sie sich ein paar Jahre lang verschuldet haben.

3. Das kollektive Spiel.

Diese Variante wird in Sportstadien, bei Versammlungen und neuerdings vor dem Fernsehapparat und im Internet gespielt. Die Spieler sind anonym und vollkommen abhängig von Ereignissen oder technischen Voraussetzungen, die sie nicht selbst beeinflussen können.

Die kollektive Freude, als abgeschwächte Form des Glücks, kann nur in der Gemeinschaft mit anderen genossen werden. Auf diese Weise entsteht eine zusätzliche Abhängigkeit.

In dieser Spiel-Variante kann ein gemeinsames Unglück in der Gemeinschaft mit anderen Verlierern einen brauchbaren Ersatz für entgangenes Glück bewirken. Entsprechend der alten Volksweisheit: »Geteiltes Leid ist halbes Leid.«

4. Das karitative Spiel.

Ohne Zweifel handelt es sich hier um eine Flucht-Variante im Glücks-Spiel. Aus der Unfähigkeit, sein eigenes Glück konsequent zu verfolgen, sucht der Spieler einen scheinbar inferioren Gegner, der auf seine Hilfe angewiesen ist.

Damit tritt das so genannte Helfersyndrom in Kraft. Es lautet: Wenn ich mir schon nicht selbst helfen kann, helfe ich wenigstens anderen.

Das Prinzip dieses Spiels lautet: »Nichts macht mich so glücklich, wie andere Menschen glücklich zu machen.« Damit kehrt der Spieler seine Niederlage im inneren zu einem scheinbaren Sieg im äußeren Spiel.

Um einen scheinbaren Sieg handelt es sich deshalb, weil gar nicht vorgesehen ist, dass der Gegner auch nur die Spur einer Chance besitzt. Ein Spiel findet also in Wahrheit überhaupt nicht statt.

Es geschieht allerdings häufig, dass ein hilflos erscheinender Gegner die Hilflosigkeit des Karitativ-Spielers durchschaut und ihn skrupellos zu seinem Vorteil ausnützt.

Diese Variante ist auch als »Schmarotzer-Spiel« bekannt. Ihre Grundlage ist jede institutionalisierte Hilfe, wie sie etwa von Caritas, Amnesty International und ähnlichen Organisationen angeboten wird. Deren Spiel-Strategie besteht darin, von schuldbewussten Wohlstandsbürgern jene Mittel zu requirieren, die sie im Spiel um ihre eigene Existenzberechtigung einsetzen können.

5. Das meditative Spiel.
Wenn es tatsächlich so etwas geben sollte wie ein vollkommenes Glück, dann bietet dieses Spiel dafür die besten Chancen. Es ist ein Spiel ohne äußere Gegner, das nur mit sich selbst gespielt werden kann. Es erfordert allerdings den höchsten Einsatz.
Der Spieler zieht sich vollkommen in sich selbst zurück, um mit Hilfe der Meditation Schritt für Schritt von allen Abhängigkeiten frei zu werden. Das endgültige Glück, Zen-Meister nennen es »Satori«, besteht in der totalen inneren Freiheit, in der ein Spieler mit sich selbst, der Welt und dem Kosmos in absolutem Einklang ist.
Ungeklärt ist allerdings, ob durch den endgültigen Sieg über sich selbst und alle möglichen Gegner jede Art von Spiel ein für alle Male zu Ende ist. Und ob es sich unter diesen Umständen für den Spieler überhaupt noch zu leben lohnt.

*4*

## *Fünf Fragen, ehe Sie das Spiel beginnen*

1. Was wäre für Sie das größte Glück. Und was haben Sie bisher unternommen, um es zu erlangen?
2. Von wem erwarten Sie am meisten, dass er Sie glücklich macht? Und um welchen Preis?
3. Verdienen Sie mehr Geld, als Sie für Ihr Glück brauchen würden?
4. Wenn Sie zu wenig Geld verdienen: Könnte es da nicht sein, dass Ihre Ansprüche an das Glück zu hoch gesteckt sind?
5. Wann haben Sie sich zuletzt gefragt: »Wie glücklich bin ich eigentlich?«

# 9. Das Partner-Spiel

## Das Ziel jedes Partner-Spiels besteht darin, gemeinsam mehr zu erreichen, als Sie allein erreichen könnten

*1. Sie können das Spiel miteinander oder gegeneinander spielen. Jede Variante bedarf einer eigenen Strategie*
*2. Die Strategie der sieben Schritte, aus dem Gegner einen Partner zu machen*
*3. Welchen Vorteil es hat, auf Krisen vorbereitet zu sein, statt darauf zu warten, bis der Schmerz unerträglich wird*
*4. Fünf Fragen, ehe Sie das Spiel beginnen*

## 1

## *Sie können das Spiel miteinander oder gegeneinander spielen. Jede Variante bedarf einer eigenen Strategie*

In keinem anderen Lebensspiel wirken sich die Folgen von Sieg oder Niederlage so direkt auf die Spieler aus wie im Partner-Spiel. Wenn es gelingt, macht es zwei Menschen glücklich. Wenn es scheitert, gibt es nur Verlierer.

Die meisten dieser Tragödien beginnen damit, dass ein Spiel unter völlig falschen Voraussetzungen begonnen wird. Vor allem sind es drei Gründe, die zum Debakel führen:

- Die falsche Hoffnung, dass sich gemeinsames Glück ohne eigenes Zutun irgendwie von selbst ergibt.
- Die falsche Erwartung, der Partner würde alles das erfüllen, wozu man selbst nicht bereit oder fähig ist, zum gemeinsamen Glück beizutragen.
- Die Unkenntnis der Regeln, wie man das Gegeneinander durch das Miteinander ersetzt.

Die Faszination dieses Spiels liegt darin, dass im Idealfall zwei Gegner mit dem anspruchsvollen Ziel antreten, nach Ende des Spiels Partner zu werden. Das ist der Punkt, an dem sie erleichtert verkünden können: »Anfangs flogen die Fetzen. Aber schließlich haben wir uns zusammengerauft.«

Dessen ungeachtet zeigt sich oft schon sehr bald, dass in den entscheidenden Phasen der Auseinandersetzung die Routine des ewigen Kämpfens obsiegt. Das hoffnungsvoll begonnene Partner-Spiel wird dann zu dem, was nicht zufällig als »Ehekrieg« bezeichnet wird.

Woran liegt es?

Es liegt an der Unfähigkeit, die Strategie des Kämpfens, also von Angriff und Verteidigung, durch die Strategie des Miteinander zu ersetzen. Im Kampf darf der Kämpfer niemals eine Schwäche zeigen. Er muss ständig seine Vorherrschaft beweisen, indem er alles verhindert, von dem er sich gefährdet sieht. Das Ziel der Partnerschaft besteht hingegen darin, gemeinsam mehr zu erreichen, als jeder allein erreichen könnte.

Oder, um es in der Spieler-Sprache auszudrücken: Die Partnerschaft ist ein Spiel zu zweit, damit jeder seine Stärken einbringt, um gemeinsam möglichst viele Gegner zu besiegen, die dem Glück im Wege stehen. Zu diesen Gegnern gehören vor allem die eigenen Schwächen, die naturgemäß jeder in eine Partnerschaft einbringt.

Die entscheidende Frage lautet: Wie gehen die Partner mit ihren Schwächen um? Sind beide bereit, sie offen zu legen. Oder versucht der Eine – wie es dem Prinzip des Kämpfens entspricht – die Schwächen des Anderen zu seinem eigenen Vorteil auszunützen?

In diesem Fall bleiben die Spieler weiterhin Gegner. Gleichgültig, welche Art von Beziehung sie auch eingehen mögen. Die Strategie der Manipulation bleibt in Kraft. Jeder spielt gegen den anderen und steht allein auf sich gestellt. Immer auf der Hut, sich eine Blöße zu geben.

Das Wesen des Partner-Spiels besteht – um es noch einmal hervorzuheben – nicht darin, ein Spiel, sondern einen Partner zu gewinnen, um mit ihm gemeinsam fortan als gemischtes Doppel anzutreten.

## 2

## *Die Strategie der sieben Schritte, aus dem Gegner einen Partner zu machen*

In den »Anleitungen fürs Leben«, zu denen auch die vorliegenden »Spiele des Lebens« gehören, wurde unter dem Titel »Das Partner-Training« ein Programm vorgestellt, das für den interessierten Leser hilfreich sein könnte. Es rät zu folgenden sieben Übungen, um sich Schritt für Schritt auf das Spiel vorzubereiten.

Erster Schritt:
Machen Sie sich bewusst, warum Sie überhaupt eine Partnerschaft eingehen wollen.
Ist es verwunderlich, dass so viele im Himmel der Liebe geschlossene Ehen im Fegefeuer der Scheidungs-Kämpfe enden, wenn sie schon mit falschen Hoffnungen und Erwartungen beginnen? Vom verhängnisvollen Liebesschwur war ja schon an anderer Stelle die Rede. Ganz zu schweigen vom Versprechen der ewigen Treue.
Dabei wäre alles viel einfacher, wenn jeder das Spiel mit der festen Absicht begänne, sich wenigstens selbst reinen Wein einzuschenken. Der Schlüssel zu

dieser Offenheit ist die Mutter aller Fragen. Sie heißt: Warum?

- Warum wollen Sie das Spiel wirklich spielen?
- Suchen Sie einen schwachen Gegner, der Ihnen auch in der Partnerschaft unterlegen ist. Dann ersparen Sie sich und dem Anderen die Enttäuschung, wenn eines Tages der unvermeidliche Showdown kommt, bei dem der Partner Sie durchschaut.
- Wenn Sie mit den Regeln der Manipulation erfolgreich waren, einen Partner zu gewinnen, dürfen Sie den Zeitpunkt nicht versäumen, an dem die Regeln geändert werden müssen.

Manche Spieler starten in der besten Absicht, einen Partner zu gewinnen und das Glück mit ihm zu teilen. Aber nach einem ersten leichten Sieg unterliegen Sie der Versuchung, die Vorherrschaft auch in Zukunft nicht abzugeben.

Zweiter Schritt:
Fällen Sie eine Entscheidung, statt alles in der Schwebe zu lassen und zu hoffen, dass sich Probleme irgendwie ganz von selbst lösen.
Kein Ziel, natürlich auch nicht das gemeinsame Glück, erreichen Sie, wenn Sie sich nicht dafür ohne Wenn und Aber entscheiden. Vermutlich gehört es zu den verhängnisvollsten Irrtümern vieler Ehen, dass die Beteiligten meinen, die wichtigste Entschei-

dung für das gemeinsame Glück sei das Jawort auf dem Standesamt gewesen.

Dritter Schritt:
Stellen Sie gemeinsam mit dem Partner die Regeln für die Form des Zusammenlebens auf.
Jedes gemeinsame Spiel braucht Regeln, für die sich die Beteiligten gemeinsam entscheiden müssen. Wenn einer der Spieler diese Regeln allein diktieren will, mag er sich hervorragend für ein Macht-Spiel eignen. Für eine Partnerschaft ist er völlig ungeeignet.

Vierter Schritt:
Die schönsten Regeln nützen nichts, wenn nicht jeder bereit ist, auch mit den Schwächen des Partners zu leben.
Der Höhepunkt jedes Partner-Spiels ist die Entscheidung, das Gegeneinander zu beenden und das Miteinander mit einem wichtigen Ritual zu beginnen. Es ist das Ritual der Offenlegung.
Fünf Fragen stehen dabei an:
• Warum suche ich einen Partner, und warum will ich nicht allein bleiben?
• Warum will ich gerade Dich als Partner?
• Welche Hindernisse stehen unserem Glück am meisten im Weg?

- Sind wir entschlossen, sie gemeinsam zu besiegen? Auch dann, wenn auf diesem Weg das eine oder andere Spiel verloren geht?
- Wie bereiten wir uns jetzt schon auf solche Krisen und ihre Bewältigung vor?

Fünfter Schritt:
Nichts kann gemeinsam geschehen, wenn nicht gemeinsam so lange darüber geredet wird, bis alle Zweifel beseitigt sind.
Im Buch »Partner-Training« wird dem interessierten Leser klar gemacht, dass jedes Spiel einer den Erfordernissen entsprechenden Technik bedarf.
Diese Technik wird »Die tägliche Zeit für uns« genannt. Sie ist mit der Warnung verbunden: »Lassen Sie keine wie immer geartete Ausrede zu, sich nicht an jedem Tag eine halbe Stunde lang an einen Tisch zu setzen und alles sofort auszusprechen, was der Klärung bedarf.«
- Auch der Streit wird als eine Art von emotionaler Partner-Therapie empfohlen. Weil, so wird betont, es besser ist, einander zu beschimpfen, als Frustrationen anderswo oder gar nicht loszuwerden.

Sechster Schritt:
Wenn Sie an jedem Tag gemeinsam glücklich sein wollen, müssen Sie das Glücklichsein auch an jedem Tag gemeinsam trainieren.

Wir alle verstehen, dass ein Fußballspieler, Boxer oder Golfer ein Turnier nur gewinnen kann, wenn er sich gut darauf vorbereitet hat. Training der Muskulatur, der Technik und der Ausdauer gehören zum Anspruch jedes Trainings. Aber obwohl wir alle – Sportsleute oder nicht – das Spiel um Glück und Partnerschaft gewinnen wollen, fragt kein Mensch: Wie gut habe ich dafür trainiert?
Und hier ist das Gesetz des Trainings, falls Sie sich noch nie darüber Gedanken gemacht haben: Sie müssen das, was Sie beherrschen wollen, so beharrlich immer wieder einüben, bis es sich ganz von selbst verwirklicht.
Wenn Sie das Spiel »Glückliche Partnerschaft« möglichst oft gewinnen wollen, bleibt es Ihnen nicht erspart, dieses Trainings-Gesetz genauso streng zu befolgen wie das automatische Anhalten bei Rotlicht an der Straßenkreuzung.

Siebenter Schritt:
Bevor ein Partner den anderen kontrolliert, sollte er die eigenen Fehler eingestehen, um gemeinsam daraus zu lernen.
Sie kennen ja diesen Spruch, der Lenin, dem schlauen Großvater des Kommunismus, zugeschrieben wird: »Vertrauen ist gut. Kontrolle ist besser.« Eine Selbstverständlichkeit für die Erhaltung jeder

Macht: Permanente Kontrolle, um jeden Widerstand sofort unterdrücken zu können.
Warum sollte es mit unserem Anspruch auf Selbst-Beherrschung anders sein? Mit dem Unterschied: Wir kontrollieren nicht andere, um sie zu beherrschen. Wir kontrollieren unser eigenes Handeln, um Fehler rechtzeitig erkennen und vermeiden zu können.
Das Partner-Prinzip dabei lautet: Ich kontrolliere mich zuerst selbst. Weil das glückliche Zusammenleben nur funktionieren kann, wenn ich selbst mich ändere, statt vom Partner zu fordern, dass er es tut.

Das sind die sieben Schritte aus dem »Partner-Training«, die geeignet erscheinen, aus einem Gegner im Spiel einen Partner zu machen. Ein Vorhaben, für das es sich lohnt, gut trainiert zu sein.

## 3

## *Welchen Vorteil es hat, auf Krisen vorbereitet zu sein, statt darauf zu warten, bis der Schmerz unerträglich wird*

Jeder auf längere Dauer angelegten Partnerschaft ergeht es ähnlich wie dem Marathonläufer: Von Zeit zu Zeit sind Krisen zu bewältigen. Die anfängliche Spannung lässt nach. Die erste Neugier flaut ab, und die Gewohnheit greift um sich. Reibungsflächen werden spürbar, die vorher überspielt werden konnten.

Wie verhält man sich in Partner-Krisen? Grundsätzlich gibt es zwei Möglichkeiten, damit umzugehen:

- Sie haben sich rechtzeitig darauf vorbereitet und Regeln festgelegt, die jetzt in Kraft treten. Etwa das Ritual der täglichen rückhaltlosen Aussprache über alle Probleme und Befindlichkeiten.
- Oder Sie gehen den Leidensweg. In der Hoffnung, dass Ihnen angesichts eines Problems eine spontane Lösungsidee oder ein williger Helfer aus der Patsche helfen.

Diese Variante mag als individuelle Problembewältigung durchaus vertretbar sein: Sie warten, bis eine

Krankheit ausgebrochen und der Schmerz unerträglich geworden ist, ehe Sie etwas dagegen unternehmen. Dafür sind Sie allein sich selbst gegenüber verantwortlich. Als Partner-Lösung ist diese Variante wenig geeignet.

Ein Partner, der auf ein Problem erst dann reagiert, wenn es unlösbar geworden ist, erwartet meistens vom Anderen nichts anderes als das, was gute Menschen mit »Verständnis, Rücksichtnahme, Mitleid und Trost« einfordern.

Aber wie, denken Sie, können Sie jemandem bei der Lösung seines Problems beistehen, wenn Sie ihn durch noch so tröstliches Mitleiden in seiner Hilflosigkeit noch weiter unterstützen?

Wie Sie sehen, gilt für das Zusammenleben die gleiche Erfahrung, wie für alle anderen Spiele des Lebens auch: Sie werden nicht erst auf dem Spielfeld gewonnen, sondern im Kopf des Spielers. Zu wissen, was Sie wollen, ist die beste Voraussetzung dafür, dass Sie das richtige tun, wenn die Zeit des Handelns gekommen ist.

## 4

## *Fünf Fragen, ehe Sie das Spiel beginnen*

1. Warum sind Sie auf der Suche nach einem Partner: Um ihn zu besiegen. Oder, um ihn zu gewinnen.
2. Was, denken Sie, ist für eine glückliche Partnerschaft wichtiger: den Partner zu kontrollieren, oder sich selbst zu ändern?
3. Welche Ausrede fällt Ihnen spontan ein, wenn Sie nicht bereit sind, über ein Problem zu reden, von dem Sie genau wissen, dass Sie es tun sollten?
4. Welche Probleme löst die Liebe in der Partnerschaft. Und welche löst sie keinesfalls?
5. Mit welchen Vorsätzen sind Sie auf die erste Krise im Zusammenleben vorbereitet:

- »Wenn ich nicht gewinnen kann, dann flüchte ich eben.«
- »Ich gebe nach, um Streit zu vermeiden.«
- »Wenn wir die erste Krise gemeinsam lösen, lernen wir vielleicht, die nächste zu vermeiden.«

# 10. Das Kommunikations-Spiel

## Wenn Sie sich selbst nichts zu sagen haben, können Sie keinen Gegner besiegen, der genau weiß, was er will

*1. Die vier Grundformen des Spiels, und warum das Reden nicht immer Silber und das Schweigen nicht immer Gold ist*
*2. Warum jede Kommunikation beim Dialog mit sich selbst beginnt. Mit seinem zweiten Ich als Partner*
*3. Sechzehn Vorschläge, eine Botschaft zu dramatisieren. Weil es nicht genügt, einfach nur zu reden, zu schreiben oder zu zeigen*
*4. Fünf Fragen, ehe Sie das Spiel beginnen*

# 1

## *Die vier Grundformen des Spiels, und warum das Reden nicht immer Silber und das Schweigen nicht immer Gold ist*

Das Kommunizieren – also das Mitteilen, um andere an etwas teilhaben zu lassen – ist vor allem ein Instrument des manipulativen Spiels. Aber genauso ist es Manipulation, jemanden durch Verschweigen *nicht* an etwas teilhaben zu lassen.

Das Kommunizieren dient der Weitergabe und dem Austausch von Informationen und Meinungen. Aber genauso dient es dem Täuschen, Lügen, Bluffen und dem Verdrehen von Tatsachen.

Kommunikation und Information werden heute an vielen Hochschulen gelehrt. Aber genauso wird an amerikanischen Universitäten die Desinformation als Lehrfach angeboten. Der Star unter den Lehrern ist dort ein ehemaliger Agent des tschechischen Geheimdienstes, der während des Kalten Krieges mit seinen Kenntnissen auf diesem Gebiet in den Westen geflüchtet war. Was er lehrt, kommt den Beratern in Politik und Business zugute.

Alles das sollten Sie in Betracht ziehen, wenn Sie sich auf das glatte Parkett begeben, auf dem das Kommunikations-Spiel ausgetragen wird, um es möglichst oft zu gewinnen.

Es ist das umfassendste aller Lebensspiele. Kaum haben wir das Licht der Welt erblickt, geben wir brüllend zu verstehen, dass wir ihr etwas mitzuteilen hätten. Aber schon bald müssen wir zur Kenntnis nehmen, dass Kommunikation aus Angriff und Abwehr besteht. Und die Frage ist, wie verhalten wir uns in diesem Wechselbad:

- Kuschen wir sprachlos, wenn man uns mundtot machen will, oder haben wir das Handwerk des Kommunizierens rechtzeitig zu beherrschen gelernt.
- Glauben wir alles widerspruchslos, was man uns als Wahrheit einreden möchte. Oder fragen wir so lange nach, bis wir wissen, was uns hinter jeder so genannten Wahrheit verborgen wird.
- Reden wir, um etwas mitzuteilen. Oder reden wir, um etwas zu verbergen.
- Und wenn wir reden: Wie verpacken wir unsere Botschaft so, dass man sie uns glaubt?

Für das Kommunikations-Spiel stehen uns vier Grundformen zur Verfügung: das Reden, das Schreiben, das Zeigen und das Schweigen.

»Das Schweigen auch?«, fragen Sie vielleicht erstaunt. Natürlich auch das Schweigen. Stellen Sie sich doch einmal vor, dass ein aggressiver Gegner Sie im Verlaufe eines Spiels unflätig beschimpft, um Sie aus der Reserve zu locken. Sie aber stehen nur gelassen da und lächeln ihm schweigend ins Gesicht. Sonst nichts. Und das so beharrlich, bis er ausgetobt hat und nichts mehr zu sagen weiß.

Auf diese Weise besiegen Sie das Reden durch das Schweigen. Und das soll keine Form des Kommunikations-Spiels sein?

Natürlich sollten Sie solche Taktiken der Abwehr in Ihr Repertoire aufnehmen. Vorwiegend allerdings dient die Kommunikation aber doch dazu, seine eigene Botschaften an den Mann oder die Frau zu bringen. Und zwar bewusst, gezielt und ohne Skrupel.

Uns beizeiten Skrupel anzuerziehen, gehört schließlich zu den wirksamsten Taktiken, uns mundtot zu machen. Wir kennen das ja:

- Halt doch endlich den Mund, davon verstehst Du nichts.
- Du hast heute wieder einmal viel zu viel geredet. Es war mir schon richtig peinlich.

- Unterbrechen Sie mich nicht ständig. Was ich zu sagen habe, ist viel zu wichtig.
- Wenn Du noch einmal so mit mir redest, ziehe ich die Konsequenzen.
- Wenn das alles ist, was Sie zu sagen haben, hätten Sie besser den Mund gehalten.
- Und da ist auch noch die Angst, sich lächerlich zu machen, wenn man vielleicht etwas Falsches sagt. Also schluckt man es so lange hinunter, bis sich eines Tages der Körper für das viele Unausgesprochene mit einem Magengeschwür rächt.

Was das Schweigen betrifft, sollten wir also bedenken, dass es nicht nur Vorteile hat. Es kann – richtig eingesetzt – ein Spiel entscheiden. Das Schweigen als Instrument des Verdrängens von etwas, das wir unbedingt loswerden sollten, kann aber auch verheerende Folgen haben.

In der schon mehrmals zitierten »Egoisten-Bibel« ist festgehalten, wie sich die Gescheiten unter uns diesem Phänomen annähern. Es heißt dort: »Die Kunst, Dich mitzuteilen, hat nichts damit zu tun, ob jemand erfahren möchte, was Du mitzuteilen hast. Dich mitzuteilen bedeutet für Dich, etwas loszuwerden, was Du nicht verdrängen willst, weil Dir jedes Verdrängen schadet.«

So gesehen, ist das kommunikative Spiel nicht nur ein Instrument des Mitteilens und Manipulierens, sondern genauso ein Ventil, innere Spannungen rechtzeitig abzubauen.

Es ist offensichtlich, dass diese Form der kommunikativen Selbst-Therapie gegen die Folgen von Verdrängung nur selten bewusst genützt wird. Vielmehr ist zu beobachten, dass Menschen nur das sagen, was sie sagen dürfen, und alles verdrängen, was sie im Interesse ihrer Psychohygiene loslassen sollten. Um dann allerdings Psychiater, Therapeuten und andere Helfer für etwas zu bezahlen, was sie viel einfacher gratis hätten haben können.

Wie Sie sehen, wird auch das Kommunikations-Spiel nach außen und nach innen gespielt. Darüber mehr auf den nächsten Seiten.

## 2

## *Warum jede Kommunikation beim Dialog mit sich selbst beginnt. Mit seinem zweiten Ich als Partner*

Es soll hier einmal ganz deutlich gesagt werden, was Sie wahrscheinlich längst erkannt haben: Egoisten haben die besseren Chancen im Lebensspiel. Alles Gerede von Solidarität, Teamwork und »Gemeinsam sind wir stark« ist nichts weiter als ein geschickter Trick im manipulativen Spiel. Hinter dem beliebten Schlachtruf »Einer für alle, alle für einen« steckt immer ein schlauer Rattenfänger.

Die so genannte »Gemeinschaft« funktioniert wie eine Kompanie Soldaten. Die Dummen stehen in Reih und Glied und warten darauf, dass vorne einer das Kommando gibt. Ein einziger Satz zur rechten Zeit, und eine Bombe fällt auf Hiroshima. Oder Millionen schlürfen das Getränk, das ewige Jugend verspricht.

Die Frage ist: Wo stehen wir, wenn das Spiel beginnt: Unter den Opfern, den Tätern oder im Kommandostand? Wo auch immer, im entscheidenden Augenblick sind wir immer allein gelassen von den

Schlauen, denen wir die Verantwortung für unser Schicksal anvertraut haben. Es ist ein ziemlich schwacher Trost, wenn wir später sagen können: »Ich habe doch nur meine Pflicht getan.«

Was für eine Pflicht? Wem sind wir für unser eigenes Leben Rechenschaft schuldig? Warum werden wir nicht gescheit genug und bekennen uns zum Egoisten-Prinzip: »Verantwortlich für mein Handeln bin ich allein mir selbst gegenüber?«

Sind wir doch ehrlich: Immer wenn es darauf ankommt, ist sich jeder selbst der Nächste. Warum also geben wir uns nicht von Anfang an das eigene Kommando: »Zuerst ich, dann erst die anderen?«

Vielleicht liegt es daran, dass nur die Gescheiten selbst bestimmen, wann und wo sie sich auf welches Spiel einlassen. Der Gehorsam erlaubt keinen Dialog, und die vielgerühmte Disziplin bedeutet auch nichts anderes, als schweigend das zu tun, was andere uns einreden.

Oder sehen Sie das anders?

Es besteht kein Zweifel darüber, dass der Dialog die Voraussetzung jedes Spielens im Unterschied zum

Kämpfen ist. Der Dialog, in welcher Form auch immer, ist die Chance, seine Interessen durchzusetzen.

Wenn Sie dieser Behauptung zustimmen, sollten Sie sich an dieser Stelle an einige Postulate der gescheiten Egoisten erinnern, wie:

- Wenn ich mir selbst nicht helfen kann, kann ich auch niemandem anderen helfen.
- Wenn ich mich selbst nicht liebe, wie sollte ich dann jemanden anderen lieben können.
- Oder: Ich glaube an mich selbst mehr, als an irgendjemand anderen.

Wenn Sie diesen Einsichten folgen, ergibt sich ganz von selbst die Frage: Wie sollte ich ein Kommunikations-Spiel mit einem Gegner gewinnen, wenn ich den Dialog mit mir selbst nicht führen kann?

Die Anregung, einen Dialog mit sich selbst zu führen, mag für Sie ungewohnt sein. Vielleicht nur deshalb, weil Sie denken, Sie hätten sich selbst nichts mitzuteilen, was Sie nicht schon wüssten.

Woher aber stammt Ihr Wissen über sich?

- Haben Sie Ihren Körper befragt, was er braucht, um gesund und fit zu bleiben. Oder schwitzen Sie in schicken Studios und joggen stilgerecht durch den

Wald. Und das nur deshalb, weil das Kommando ausgegeben wurde: »Stähle deine Muskeln« und »Laufen ist gesund«? Ohne Rücksicht darauf, was Ihr Körper tatsächlich braucht.

- Befragen Sie Ihren eigenen Geschmack, wenn es um Ihre Kleidung, die Frisur oder das Urteil über Kunst geht. Oder folgen Sie dem allgemeinen Trend, den andere Ihnen vorgeben?

Was also haben Sie sich selbst zu sagen, ehe Sie mit anderen reden? Das ist die Frage, ohne die Sie kein Kommunikations-Spiel beginnen sollten. Vorausgesetzt, Sie sind fest entschlossen, es auch auch zu gewinnen.

Um einen Dialog mit sich selbst führen zu können, gibt es die »Strategie der zwei Ich«, die Sie sich zunutze machen können:

- Das eine ist das Macher-Ich, das ausführt, was Sie sich zum Ziel gesetzt und entschieden haben.
- Sein Dialog-Partner ist das Über-Ich, das mit den Vorstellungen und Maßstäben programmiert ist, wie Sie sein wollen. Es erinnert Sie bei jeder Entscheidung daran, was Sie sich vorgenommen haben, und ist Ihre selbst ernannte Kontrollinstanz nach jeder Handlung. Bewährt hat sich die Idee, seine Ziele als »Bibel« festzuschreiben.

So ungewohnt Ihnen diese Konstruktion auch erscheinen mag, sie bedeutet nichts anderes, als sich selbst darüber zu befragen, was für Sie falsch und richtig ist, statt andere zu fragen.

So gesehen ist der Dialog mit sich die beste Voraussetzung dafür, ein Spiel gegen einen noch so gewieften Gegner zu gewinnen. Nach dem Prinzip »Wer mit sich selbst nicht kommunizieren kann, kann auch andere nicht überzeugen.« Oder, wie professionelle Sportsleute gelegentlich im Fernseh-Interview bekräftigen: »Dieses Spiel habe ich im Kopf gewonnen.«

Eines ist sicher: Die Voraussetzung für jede Art von Dialog ist die Bereitschaft, mehr wissen zu wollen, als man schon zu wissen glaubt. Und der Motor des Dialogs ist das Fragen. Oder, um wieder einmal die »Egoisten-Bibel« zu zitieren: »Fragen öffnen das Tor zu Dir selbst. Auf einem vorgefassten Standpunkt zu beharren, wirft es zu.«

Wer anderer als wir selbst könnte uns schließlich die kompetenteste Antwort auf die vier wichtigsten Fragen des Lebens geben:

- Wer bin ich?
- Wohin will ich?

- Woher komme ich?
- Warum mache ich mich nicht schon heute auf den Weg zurück zu mir?

Hört sich vernünftig an. Oder nicht?

Eines sollten Sie bei diesen Überlegungen nicht vergessen: Mit sich selbst einen gewinnbringenden Dialog zu führen, setzt voraus, dass keiner der beiden Ich das andere belügt, um ihm gefällig zu sein.

## 3

## *Sechzehn Vorschläge, eine Botschaft zu dramatisieren. Weil es nicht genügt, einfach nur zu reden, zu schreiben oder zu zeigen*

Es gibt ungezählte Tipps und Tricks, anderen Leuten etwas einzureden. Sie werden in Seminaren gelehrt und in Rhetorik-Schulen unterrichtet. Sie können damit manches Spiel gewinnen. Nicht selten wird auch ein Fußballmatch durch einen Elfmeter entschieden, weil sich ein Stürmer im Strafraum theatralisch zu Boden wirft.

Vielleicht sagen Sie jetzt: Sieg ist Sieg, ob erschwindelt oder errungen. Damit haben Sie natürlich Recht. Aber ist das Grund genug, sich beim nächsten Spiel wieder auf einen Bluff zu verlassen?

Letzten Endes entscheidet doch, wie gut ein Spieler auf dem Feld der Kommunikation sein Handwerk versteht. Sie erinnern sich: Die Utensilien, die Ihnen dabei zur Verfügung stehen, sind das Reden, das Schreiben, das Zeigen und das Schweigen. Aber weil alles Kommunizieren ein Teil des großen Welttheaters ist, in dem jeder versucht, sich ins rechte Licht zu setzen und andere in seinen Bann zu ziehen, sollten Sie möglichst viele Ideen zur wirksamen Inszenierung kennen.

Hier sind 16 bewährte Vorschläge, die Sie nützen können. Gleichgültig, ob Sie sich für das Reden, Schreiben, Schweigen oder Zeigen entscheiden, um Ihre Botschaft erfolgreich dem Ziel einen Schritt näher zu bringen:

1. Die Beantwortung der sechs Basis-Fragen, um ein umfassendes Bild zu zeichnen. Sie lauten: Wer, was, wann, wie, wo und warum.
2. Die detaillierte Beschreibung, weil damit Worte zu Bildern werden. Und ein Bild sagt – wie Sie sicherlich wissen – mehr als hundert Worte.
3. Der Humor, mit dem Sie den ernstesten Dingen des Lebens eine fröhliche Seite abgewinnen können. Manche Menschen sind dankbar, wenn sie ab und zu jemand zum Schmunzeln bringen.
4. Die Gegenüberstellung, weil durch den Vergleich ein lebendigeres Bild entsteht.
5. Die gezielte Provokation, um Aufmerksamkeit zu erregen. Schon der berühmte Dale Carnegie sagte: »Sei freundlich, wenn Du Zustimmung willst. Aber schlag jemanden über den Schädel, wenn Du willst, dass er Dich respektiert.«

6. Die gezielte Schmeichelei, um einen Gegner im Kommunikations-Spiel in Sicherheit zu wiegen, bevor Sie ihn blitzschnell auf die Matte legen.
7. Das Zitat, weil es signalisiert, dass Sie bereit sind, auch das Wissen anderer zu respektieren.
8. Der Dialog, um den Gegner auf das Spielfeld zu locken. Überzeugen können Sie ihn erst, wenn Sie mit ihm ins Gespräch gekommen sind.
9. Das Bekenntnis. Wenn Sie jemandem gezielt eine eigene Schwäche eingestehen – und sei sie nur erfunden, – ermuntert es ihn, sich Ihnen ebenfalls zu öffnen.
10. Das Fragen, um den Dingen auf den Grund zu gehen. Fragen ist schließlich der Weg zu jedem Wissen. Und je mehr Sie über den Gegner wissen, umso gezielter können Sie auf ihn eingehen.
11. Die Emotionalisierung, weil die meisten Ihrer Gegner dafür empfänglicher sind als für alle noch so vernünftigen Argumente.
12. Die Objektivierung, wenn das Spiel sich in Sentimentalitäten zu verwässern droht. Schließlich haben Sie ein realistisches Ziel, das Sie erreichen wollen.
13. Die Wiederholung, weil ein Gesetz des Manipulierens lautet: »Je öfter man eine Botschaft wiederholt, umso mehr wird sie geglaubt. Auch wenn es die größte Lüge ist.«

14. Das Distanzieren, um die wahre Absicht zu verbergen. Tun Sie einfach so, als wäre Ihnen Ihr eigener Vorteil gar nicht wichtig und Sie hätten nur das Wohl des Gegners im Auge. Natürlich ist das verlogen. Aber im Spiel zählt allein das Ergebnis – wie wir aus der Politik, der Werbung und von allen anderen Schlauen wissen, die vor keiner Scheinheiligkeit zurückschrecken, um uns herumzukriegen.
15. Das Dementi, mit dem Sie den Gegner verunsichern können. Wenn Sie sagen: »Ich habe gehört, dass Ihre Frau Sie mit dem Y betrügt. Aber das glaube ich natürlich nicht«, setzen Sie ein Gerücht in die Welt, das einen Gegner von Ihrem wahren Vorhaben ablenkt. Auch wenn es eine verdammte Lüge ist.
16. Die Aufzählung, um nicht nur ein einziges Argument ins Spiel zu bringen. Weil das Manipulations-Gesetz der quantitativen Verstärkung lautet: »Je größer die Zahl der Menschen ist, die ein Produkt kaufen, umso mehr wollen es auch besitzen.«

Wie immer Sie von solchen Möglichkeiten Gebrauch machen, sie sind Bestandteil des bewährten Fundus, mit dem sich Spiele gewinnen lassen.

Und was nun noch die Dramaturgie des Schweigens betrifft: Unterschätzen Sie diese Variante nicht. Man sagt, 90 Prozent unseres Kommunizierens geschähe nonverbal, also ohne Worte. Und tatsächlich gibt es viele Gelegenheiten, Ihr Schweigen eindrucksvoll zu inszenieren. Sie können trotzig schweigen, respektvoll oder drohend. Und die Verzögerung des Höhepunkts dient nicht nur in jedem guten Theaterstück zum dramaturgischen Mittel einer eindrucksvollen Inszenierung.

# 4

## *Fünf Fragen, ehe Sie das Spiel beginnen*

1. Haben Sie schon einmal die Situation an einem einzigen Tag gezählt, in denen Sie etwas verdrängt haben, was Sie unbedingt sagen wollten?
2. Worin bestehen Ihre größten Skrupel, die Sie daran hindern, sich Ihre schönsten Wünsche zu erfüllen. Und was haben Sie bis jetzt dagegen getan?
3. Warum sagen Sie bei nächster Gelegenheit nicht einfach einmal »Nein« statt »Ja«, wenn Sie genau wissen, dass eine gefällige Zustimmung für Sie ein Nachteil wäre?
4. Wenn Sie im Restaurant ein Essen bestellen: Wählen Sie aus, wozu Sie gerade Lust haben, oder nehmen Sie auf ganz andere Dinge mehr Rücksicht als auf Ihre eigenen Sinne?
5. Haben Sie auch schon manchmal gedacht: »Ich verstehe mich selbst nicht, wie konnte ich das nur tun?« Ohne zu bedenken, dass Sie sich selbst gar nicht gefragt haben, bevor Sie es taten?

# 11. Das Phantasie-Spiel

**Ein Phantasie-Spiel besteht darin, die Vorstellungskraft möglichst umfassend zu unserem Vorteil zu nützen und zu verhindern, dass unsere Gegner sich ihrer bedienen**

*1. Wer den Schlüssel zu seiner Phantasie besitzt, kann selbst bestimmen, in welcher Welt er lebt*
*2. Warum unser System der Normen und Formen allen misstraut, die durch eigene Vorstellungen Unruhe stiften*
*3. Wie Sie Ihre Phantasie programmieren können, damit Ihre Gegner es nicht tun*
*4. Fünf Fragen, ehe Sie das Spiel beginnen*

## 1

## *Wer den Schlüssel zu seiner Phantasie besitzt, kann selbst bestimmen, in welcher Welt er lebt*

Vielleicht kennen Sie die uralte Geschichte von der halb leeren Flasche noch nicht, die man ein klassisches Phantasie-Spiel nennen könnte: Zwei Männer sitzen am Straßenrand, eine halb volle Flasche mit Wein zwischen sich. Sie sitzen eine Weile schweigend da, dann greift der eine zur Flasche, hält sie hoch, sieht sie kopfschüttelnd an und murmelt enttäuscht: »Jetzt haben wir kaum zu trinken angefangen, und schon ist die Flasche halb leer.« Da hebt der andere den Kopf und lächelt glücklich: »Ich verstehe gar nicht, wovon Du redest. Ich bin schon ein wenig betrunken, und trotzdem ist die Flasche noch halb voll.«

Ein und dieselbe Flasche, zur Hälfte mit Wein gefüllt, zwei Männer betrachten sie, aber jeder von ihnen malt sich mit Hilfe seiner Phantasie etwas ganz anderes aus.

Aber damit nicht genug. Beide werden von jetzt an jeden weiteren Schluck verschieden empfinden. Der eine wird ihn genießen, in der Vorstellung, dass noch reichlich Wein vorhanden ist. Der andere wird gar keine richtige Freude mehr am Trinken haben.

Ihm geht es ähnlich wie vielen Fitness-Jüngern und Schlankheits-Fanatikern: Sie leiden unter der traumatischen Vorstellung, dass sie alles dick oder schlapp macht, was ihnen schmecken würde.

Wie es scheint, spielt die Phantasie für unser Leben eine viel wichtigere Rolle, als uns bewusst ist. Sie bestimmt darüber, ob wir uns freuen oder ärgern, ob wir uns vor einer Gefahr fürchten und die Flucht ergreifen. Oder ob wir sie als Herausforderung annehmen.

So gesehen leben wir in zwei Welten. In der realen Welt, in die wir hineingeboren oder hineingestoßen werden. Und in der Welt der Phantasie, die wir uns mit Hilfe unseres Denkens selbst gestalten.

Ein Phantasie-Spiel besteht also darin, die Vorstellungskraft möglichst umfassend zu unserem Vorteil zu nützen. Aber auch, wie wir verhindern, dass unsere Gegner sich ihrer bedienen, um sie und damit uns für ihre Interessen nutzbar zu machen. Weil die bessere Idee die beste Abwehr ist.

Das Spiel beginnt mit der Frage aller Fragen: Male ich mir mein eigenes Bild von mir und meinem Leben. Oder überlasse ich es meinen Gegnern, mir ihre Bilder an die Wand zu hängen. Zeitgemäßer ausgedrückt:

- Schlafe ich abends mit den Schreckensbildern ein, die ich vorher im Fernsehen gesehen habe. Beunruhigt von der Angst, morgen könnte auch mich ein verheerendes Schicksal ereilen.
- Oder stelle ich mir im Hinüberdämmern vor, wie ich auf einer Insel des Friedens liege, auf der niemand über mich und mein Glück verfügen kann.

Vielleicht regt sich jetzt sofort Ihr Widerspruch, und Sie protestieren: »Wie kann ich von einer Insel des Friedens träumen, wenn um mich herum die Hölle los ist?«

Sehen Sie, genau das ist das verhängnisvolle Missverständnis: Sie meinen die Welt, wie Sie Ihnen gezeigt wird, müsste auch die Welt Ihrer Phantasie sein. Statt zu begreifen, dass Ihre Phantasie Ihnen die Chance gibt, sich Ihre eigene Welt nach eigenen Vorstellungen zu gestalten.

Es liegt deshalb ganz allein an Ihnen, mit welcher Einstellung Sie ein Spiel beginnen: Mit der Überzeugung, dass Sie nichts an Ihrem Leben ändern könnten, weil die Welt nun einmal so ist, wie man sie Ihnen zeigt. Oder mit der Entschlossenheit, dass Ihnen niemand die Freiheit nehmen kann, auch dann glücklich zu sein, wenn man von Ihnen erwartet, dass Sie unglücklich sind.

## 2

## *Warum unser System der Normen und Formen allen misstraut, die durch eigene Vorstellungen Unruhe stiften*

Phantasie, was ist das eigentlich. Woher kommt sie und welche Rolle spielt sie in unserem Leben? Wie es scheint, ist sie ein Mauerblümchen in unserer rationalen, realistischen und angeblich so vernünftigen, auf Tatsachen bauenden Zeit. Wenn jemand zu Ihnen sagt: »Du bist ein Phantast«, meint er es meistens abwertend ironisch.

Warum, denken Sie, ist das so. Warum legen wir unserer Phantasie Ketten an?

Ganz einfach: Die meisten Menschen leben ihr Leben nach ganz bestimmten Normen und Formen. In diesem Käfig fühlen sie sich sicher:
• Sie wollen Recht, Ordnung und Sicherheit – oder das, was sie darunter verstehen. Und sie erwarten, dass andere dafür sorgen.
• Sie wollen ihre Ruhe und Geborgenheit, und jeder, der ihre Bequemlichkeit stört, ist ihnen nicht geheuer.

- Sie sehen die Welt so, wie sie sie sehen wollen. Und sie wollen sie so sehen, wie man ihnen gesagt hat, dass sie sie sehen sollen.
- Dafür sind sie bereit, sich und ihre Individualität den vorgegebenen Normen und Formen zu unterwerfen.

Auch wenn es für Sie etwas ungewohnt klingt, aber es gibt ganz offensichtlich eine große Masse von administrierten und eine kleine Gruppe von kreativen Menschen.

Die einen sind zufrieden, wenn alles so bleibt, wie es ist. Die anderen sind ständig in Aufbruchstimmung. Sie suchen nach immer neuen Möglichkeiten des Lebens. Die einen wollen in Ruhe gelassen werden. Die anderen werden nicht müde, sie zu beunruhigen.

So betrachtet steht jeder von uns vor der Entscheidung, zu welcher dieser beiden Gruppen er gehört. Danach richtet sich auch die Strategie, das Phantasie-Spiel zu spielen: offensiv oder defensiv:

- Offensiv bedeutet, seine Phantasie zu aktivieren, um nach immer neuen Herausforderungen, Ideen und Lösungen zu suchen.
- Defensiv bedeutet, sich gegen alles zur Wehr zu setzen, was das Bedürfnis nach Sicherheit, Gewohntem und Geborgenheit gefährden könnte.

Was nun die offensive Gruppe betrifft, so sind das verständlicherweise die wahren Spieler. Sie nehmen die Herausforderung nicht nur an, sie müssen sich auch bewusst sein, dass ihr Spiel nach innen und nach außen zu spielen ist.

Das Spiel nach innen zu spielen heißt nichts anderes, als die Ketten zu sprengen, die ihre Erziehung der Phantasie angelegt hat, und Dinge zu tun, die andere nicht einmal zu denken wagen.

Wenn Sie diese Konstellation unter dem Aspekt der Drei-Klassen-Gesellschaft betrachten, ergibt sich folgende Situation:

- Hier ist die große Masse der Dummen, die ihre Phantasie unterdrücken, weil alles, was nicht den eingelernten Formen und Normen entspricht, ihr enges, scheinbar gesichertes Weltbild stört.
- Die Schlauen haben diese Normen und Formen festgelegt. Sie sind deren Nutznießer auf Kosten der Dummen. Mit Argusaugen wachen sie darüber, dass dieses System nicht von Phantasten gestört wird, die bereit sind, aus den Normen auszubrechen.
- Die Gescheiten stehen durch ihre Entscheidung außerhalb dieses Systems. Sie haben sich als Lebensprinzip dazu entschieden, nach ihren eigenen, individuellen Normen und Formen zu leben. Ihr Spiel

besteht darin, der Phantasie freien Lauf zu lassen. Oder, wie die Gescheiten sagen: »Die wahre Freiheit besteht darin, in Ketten tanzen zu lernen.« Nicht zufällig zitieren sie gerne die Weisheit alter japanischer Philosophen: »Das schönste Bild an der Wand ist jenes, das nur aus dem Rahmen besteht, in den Du das Bild malst, das Deiner eigenen Phantasie entspricht.«

## 3

## *Wie Sie Ihre Phantasie programmieren können, damit Ihre Gegner es nicht tun*

Sich den Normen und Formen anderer zu unterwerfen – oder auszubrechen und seiner Phantasie Flügel zu verleihen, um eine Welt zu entdecken, die nicht in das vorgefertigte System passt. Das ist die Ausgangsposition, in der Sie sich befinden. Welches Spiel spielen Sie also: Das Spiel um Bewahrung des Bestehenden. Oder lassen Sie sich auf das riskante Abenteuer ein, von dem Sie noch nicht wissen, wohin es Sie führen wird?

Niemand kann mit Bestimmtheit sagen, ob Phantasie eine Eigenschaft ist, mit der wir geboren werden. Oder, ob jeder von uns die Möglichkeit hat, sie zu erkennen und auszubilden. Gewiss ist nur: Niemand wird als Weltmeister im Olympischen Zehnkampf geboren, aber einige nützen ihre Möglichkeiten, es zu werden.

Für sie gilt das Prinzip, das in der »Egoisten-Bibel« mit diesem einfachen Satz beschrieben wird: »Was

Du Dir nicht vorstellen kannst, das kannst Du auch nicht erreichen.«

Die Phantasie als Antriebskraft zu entdecken, die unmöglich Erscheinendes möglich macht! Hier ist die Strategie, sich auf dieses außergewöhnliche Spiel einzulassen: Lassen Sie alles los, was Sie schon können und wissen und schnallen Sie Ihrem Denken Flügel an.

Es ist schon einige Jahrzehnte her, als ein deutscher Arzt namens Dr. Lindemann den Entschluss fasste, das Meer zwischen Afrika und Amerika nicht in einem Flugzeug oder auf einem Ozeanriesen, sondern mutterseelenallein im Kanu zurückzulegen.

Als er nach unmenschlichen Strapazen am Ziel eintraf, sagte er: »Ich habe das Spiel in meinem Kopf gewonnen, noch ehe ich mich in das Boot gesetzt habe.« Wochenlang hatte er vor dem Start sein Unterbewusstsein mit zwei Vorstellungen programmiert. Die eine lautete: »Kurs West.« Die andere: »Ich schaffe es.« Diese beiden Vorstellungen waren so gründlich in seinem Kopf verankert, dass er auch im gelegentlichen Delirium den Kurs hielt und in Stunden der Verzweiflung nicht aufgab. Seine verankerte Vorstellung lenkte ihn automatisch.

Die Methode, mit der sich Dr. Lindemann seine Zielvorstellung programmierte, ist als Autogenes Training oder Autosuggestion bekannt. Sie besteht darin, sich im Zustand der Entspannung immer wieder die gleichen Formeln oder Bilder gedanklich einzuprägen. So lange, bis das geistige Bild sich in der Realität verwirklicht. Oder, wie es die »Egoisten-Bibel« beschreibt: »Du bist so, wie Du denkst. Und Du wirst so, wie Du immer wieder denkst.«

Das Denken ist schließlich das Vehikel, das unsere Phantasie befördert. Hier sind die fünf Phasen, wie aus einem Gedanken die Erfüllung eines Wunsches werden kann:
1. Zuerst trifft uns ein Impuls, der einen Gedanken auslöst.
2. Wir verwerfen den Gedanken oder lassen ihn zu einer Idee entwickeln, die nach Verwirklichung drängt.
3. Dann steht wieder eine Entscheidung an: Entweder wir benützen unsere Phantasie, um uns mögliche negative Folgen unseres Vorhabens auszumalen. Und geben vorzeitig auf. Oder wir benützen unsere Phantasie, um uns das Glücksgefühl vorzustellen, wenn wir das Ziel erreichen.
4. Je bildhafter wir uns dieses Glück ausmalen, umso mehr gewinnt im inneren Spiel zwischen Glaube und Zweifel der Glaube die Oberhand.

5. Im Laufe der Zeit konzentrieren sich nicht mehr nur unsere Gedanken auf die Erfüllung des Wunsches, auch der Körper stellt sich auf »Aktion« ein. Bis schließlich der Zeitpunkt gekommen ist, an dem Sie das innere Spiel gewinnen und für das äußere Spiel optimal gerüstet sind.

Natürlich ist diese ziemlich vereinfachte Darstellung zur Programmierung Ihrer Phantasie kein Patentrezept. Sie soll nur Ihre Aufmerksamkeit auf die Zusammenhänge lenken, die zwischen unserem Denken, der Gedankenkontrolle und der selbst gelenkten Phantasie als Antriebskraft bestehen.

Das Phantasie-Spiel wird Tag für Tag von uns in vielen Variationen gespielt. Schon der Gedanke »Mir geht es heute gar nicht gut« oder »Davor habe ich schreckliche Angst« ist wie der Gong am Boxring vor der ersten Runde.

Das Spiel beginnt, und wie es endet, hängt davon ab, wer die Fäden zieht: Die Angst oder Sie. Ob sich die Angst der Phantasie bedient und sie bis zur Flucht oder Depression steigert. Oder ob ein äußerer Gegner Ihre Angst durchschaut und Ihre Phantasie mit Schreckensszenarien füttert, damit sie sich ihm hilfesuchend in die Arme werfen.

Oder aber, sie spielen Ihr eigenes Spiel und programmieren Ihre Phantasie, wie der wagemutige Arzt in seinem Kanu mit positiven Wortbildern wie »Ich schaffe es.«

Das Erstaunliche bei dieser Technik der selbst gelenkten Beeinflussung mit Hilfe der eigenen Vorstellungskraft ist: Wenn man sie lange und bildhaft genug einübt, wird sie zum Motor unseres Handelns. Und die Vorstellung wird ganz von selbst zur Realität.

## 4

## *Fünf Fragen, ehe Sie das Spiel beginnen*

1. Was war heute früh Ihr erster Gedanke, als Sie die Augen aufmachten: »Ich freue mich« oder »Ach, schon wieder so ein Tag«?
2. Warum setzen Sie sich heute nicht eine Viertelstunde lang in eine stille Ecke, schließen die Augen, atmen ruhig und stellen sich in Ihrer Phantasie vor, wie Sie allein auf einer einsamen Insel liegen und wunschlos glücklich sind? Einfach nur so.
3. Wozu neigen Sie eher, wenn eine unerwartete Gefahr auftaucht: Flüchten – oder sich vorzustellen, wie Sie das Problem lösen?
4. Könnten Sie sich vorstellen, im Urlaub von zu Hause loszufahren, ohne ein bestimmtes Ziel. Oder muss auch im Urlaub alles ganz genauso passieren, wie Sie es vorbereitet haben?
5. Welcher Gruppe ordnen Sie sich zu, wenn es um den Umgang mit Ihrer Phantasie geht: der offensiven oder der defensiven?

# 12. Das Organisations-Spiel

## Im Organisations-Spiel hängt alles davon ab, welche Position Sie einnehmen wollen: Regisseur, Darsteller oder Wasserträger

*1. Sechs Faktoren, die den Verlauf und das Ergebnis eines Spiels bestimmen*
*2. Je besser Sie sich selbst organisieren, umso besser können Sie andere organisieren*
*3. Die Rolle von Angst, Geld und Glück, um andere für das Mitspielen zu motivieren*
*4. Fünf Fragen, ehe Sie das Spiel beginnen*

*1*

## *Sechs Faktoren, die den Verlauf und das Ergebnis eines Spiels bestimmen*

Im Organisations-Spiel geht es darum, die erforderlichen Kräfte richtig einzusetzen, um ein vorgegebenes Ziel zu erreichen und dabei alle Hindernisse zu überwinden, die sich Ihnen entgegenstellen.

Sie können ein Ziel auf direktem Weg erreichen oder auf Umwegen, wichtig ist allein, dass das Ergebnis Ihres Vorhabens den Erwartungen und der Zielsetzung entspricht.

Naturgemäß gibt es auch in diesem Spiel zwei Variationen:

- Die Art, wie Sie sich selbst und Ihr Leben organisieren, um ein Ziel zu erreichen, das Ihr Leben lebenswert macht. Diese Variante wird in der Drei-Klassen-Gesellschaft von den Gescheiten bevorzugt.
- Die Art, wie Sie andere Leute organisieren, um sie für Ihre Zwecke nutzbar zu machen. Es muss nicht hervorgehoben werden, dass dies das Spiel der Schlauen ist.

In jeder der beiden Spielformen sind folgende sechs Faktoren von ausschlaggebender Bedeutung:

1. Die konkrete Zielbestimmung, an der das Ergebnis gemessen werden kann. Je undeutlicher ein Ziel definiert ist, umso größer ist die Vergeudung von Zeit, Kraft und Lust durch vermeidbare Missverständnisse.
2. Der Plan, in dem der Weg festgelegt wird, auf dem das Ziel erreicht werden soll.
3. Die am besten geeigneten Hilfsmittel und Helfer, die für das Erreichen des Ziels notwendig sind.
4. Die Zuordnung der Verantwortlichkeit und der Anreiz, sie zu übernehmen.
5. Die Strategie der kleinen Schritte, damit jeder Teilerfolg zum Weitermachen motiviert.
6. Die Kontrolle nach jedem Schritt, um aus Fehlern zu lernen und die Kräfte neu zu ordnen.

Die Organisation ist ein Basisspiel des Lebens, das in seiner Struktur auch den Erfordernissen des Kampfes gerecht würde. Der Unterschied besteht allein in der Zielsetzung. Es soll nicht unerwähnt bleiben, dass als Variante des Manipulations-Spiels ebenso die gezielte Desorganisation als Taktik eingesetzt werden kann, um einen Gegner zu täuschen. Aber auch gewollte Desorganisation mit einem strategischen Ziel bedarf der Organisation.

Um die Organisation als Spielform optimal einsetzen zu können, empfiehlt sich zuerst die Definition der eigenen Position.

Auch wenn die entscheidenden Faktoren jedes Organisations-Spiels immer die gleichen bleiben, so hängt deren Einsatz letzten Endes davon ab, welche Möglichkeiten Ihnen zur Verfügung stehen. Falls Sie zufällig vorhaben sollten, der nächste Bundeskanzler Deutschlands zu werden, bedarf es anderer Voraussetzungen und Fähigkeiten, als wenn Sie Trainer einer Baseballmannschaft oder einfach nur ein glücklicher Mensch werden möchten.

Mit anderen Worten: Wollen Sie in einer eigenen Inszenierung die Regie führen, unter fremder Anleitung eine mehr oder weniger führende Rolle spielen, oder genügt es Ihnen, als Wasserträger zum Sieg beitragen zu dürfen?

Eines sollten wir bei dieser Entscheidung nicht vergessen: Je exponierter die Funktion in einem Spiel, umso ausgeprägter ist meistens auch die Lust, im Scheinwerferlicht zu stehen. Umso tiefer allerdings auch die eigene Enttäuschung, wenn das Spiel verloren geht. Ganz zu schweigen von der permanenten Angst, etwas falsch zu machen.

Dabei besteht immer die Möglichkeit, dass auch ein Wasserträger den Sturz seines Anführers verursachen kann. Nicht selten hat auf diese Weise ein in seiner Ehre gekränkter Untergebener für die Missachtung durch den Chef bittere Rache an ihm genommen.

## 2

## *Je besser Sie sich selbst organisieren, umso besser können Sie andere organisieren*

Begriffe wie Organisation, Strategie oder Kontrolle könnten bei Ihnen den Eindruck erwecken, als seien dies Erfordernisse, die sich nur auf große Vorhaben beziehen. Deshalb hier ein eindringlicher Hinweis: Das Organisations-Spiel kann genauso auf dem kleinsten Spielfeld des familiären Alltags gespielt werden wie in der hohen Politik:

- Von einer Hausfrau, zum Beispiel, die in der Familie ihren Willen durchsetzen möchte.
- Beim Kauf eines Autos, bei dem Sie den Verkäufer über den Tisch ziehen möchten – statt umgekehrt.
- Und natürlich auch als Bestandteil jedes Partner-Spiels.
- Selbst wenn Sie in einer fröhlichen Runde einen Witz erzählen, besteht ein Unterschied, ob Sie einfach nur drauflos reden, oder ob Sie die einfachsten Regeln der Organisation beachten, um die Spannung geschickt schrittweise auf eine Pointe zuzuspitzen. Dramaturgische Abläufe sind kein Zufall, sondern organisierte Spannung.

Jede Art der dramatisierten Inszenierung hängt von der richtigen Organisation des Umfelds, des Zeitpunkts und des Vorgehens ab.

Die ideale Voraussetzung für jedes Spiel ist auch hier die Organisation der eigenen Persönlichkeit. Gescheite Egoisten würden in der ihnen eigenen Konsequenz sagen: »Wenn Du Dich nicht selbst organisieren kannst, kannst Du auch niemand anderen organisieren.« Oder: »Wenn Du von einem Vorhaben selbst nicht überzeugt bist, kannst Du auch andere nicht überzeugen.«

Bei allen strategischen Überlegungen sollten wir nie den Zweck jedes Organisierens vergessen. Er besteht darin, Probleme zu lösen, die sich der Erfüllung einer Aufgabe in den Weg stellen. Dafür ist es unerlässlich, die Probleme zu erkennen und richtig einzuschätzen.

Hier sind zwei Anregungen, die Ihnen dabei von Nutzen sein könnten:

- Die drei Stufen, ein Problem zu erkennen, sind:

1. Sie erkennen seine Auswirkungen auf das Umfeld.
2. Sie erkennen, in welchem Zusammenhang es steht.

- Sie erkennen die Ursache.

Wenn Sie diese drei Vorarbeiten geleistet und das Problem analysiert haben, stehen Ihnen zwei Möglichkeiten zur Verfügung, damit umzugehen:

Erste Möglichkeit: Sie erkennen Auswirkung, Zusammenhang und Ursache und beschließen, auf eine Lösung zu verzichten oder sie zu delegieren. In diesem Fall lassen Sie sich erst gar nicht auf ein Spiel ein. Eine durchaus verständliche Entscheidung. Schließlich ist es nicht jedermanns Sache, seine Probleme selbst zu lösen, Verantwortung zu übernehmen oder Risiken einzugehen.
Zweite Möglichkeit: Sie erkennen Auswirkung, Zusammenhang und Ursache des Problems und beschließen, es selbst zu lösen. Sie ergreifen die Initiative, und das eigentliche Spiel nach innen und außen kann beginnen.

Wenn die Zielsetzung des inneren Spiels lauten sollte: »Ich organisiere mich, um an jedem weiteren Tag meines Lebens möglichst frei und glücklich zu sein«, hier einige Hinweise, wie Sie die sechs bereits beschriebenen Faktoren der Organisations-Struktur dafür einsetzen können:

1. Konkretisieren Sie Ihr Lebensziel. Wenn Sie nicht genau wissen, worin Sinn, Freiheit und Glück Ihres

Lebens bestehen, können Sie weder einen Plan erstellen, noch seine Erfüllung organisieren.

2. Wenn Sie Ihr Lebensziel erkannt und sich dafür entschieden haben, sollten Sie einen Plan erstellen, wie Sie es erreichen wollen.

3. Aus Zielsetzung und Plan ergeben sich sowohl die Erfordernisse, als auch mögliche Mängel. Dabei geht es um die Klärung der Frage: »Welche Fähigkeiten muss ich mir noch aneignen, um die gestellte Aufgabe erfolgreich bewältigen zu können?«
Wenn Sie der Überzeugung sind, Sie könnten sie mit Helfern oder Partnern besser als allein lösen, sollten Sie die Regeln des Partner-Spiels in Ihre Erwägungen einbeziehen.

4. An diesem Punkt der Organisations-Struktur ist – mit oder ohne Partner – die eindeutige Zuordnung und das Bekenntnis zur Verantwortung von großer Bedeutung. Sie entscheidet über die Frage aller Fragen: »Übernehme ich die ganze Verantwortung selbst oder warte ich darauf, bis andere es für mich tun?«
Wenn Sie selbst die Verantwortung übernehmen, sollten Sie sich über eines im Klaren sein: Sie allein ernten die Früchte des Erfolgs. Sie können allerdings

bei einem Fehlschlag niemand anderem die Schuld dafür in die Schuhe schieben.

5. Jetzt ist es an der Zeit, die Struktur weiter zu verfeinern: Wenden Sie die Strategie der kleinen Schritte an. Teilen Sie die Strecke vom Start bis ins Ziel in machbare Abschnitte ein. Drei Vorteile sprechen dafür:

- Wenn Sie immer nur das ganz große Ziel vor Augen haben, werden Sie vielleicht nach jedem kleinen Teilerfolg denken: »Was ist schon dieser winzige Fortschritt, wenn es doch noch so unendlich weit bis zum großen Ziel ist?« Ganz anders sieht es aus, wenn Sie jeden Schritt als ein eigenständiges Ziel definieren. Die Erfordernisse werden damit überschaubarer, die Leistungseinheiten sind kürzer, und Sie können sich von Schritt zu Schritt in den eingeplanten Pausen neu motivieren.
- Wenn Ihr nächster Schritt auf dem Weg sichtbar nahe statt in weiter Ferne liegt, gelingt es Ihnen besser, sich darauf zu konzentrieren.
- Wenn Sie ohne eingeplante Zwischenstopps auf ein fernes Ziel losmarschieren, ermüden Sie irgendwann einmal, und es unterlaufen Ihnen Fehler, die Ihnen bis ins Ziel wie ein Klotz am Bein hängen bleiben. Dabei nehmen die Zweifel zu, ob Sie diese Aufgabe überhaupt bewältigen können.

6. Jede Pause nach einem erfolgreich bewältigten kleinen machbaren Schritt gibt Ihnen nicht nur die Möglichkeit, sich Ihrer Leistung zu erfreuen, sondern auch Fehler zu korrigieren, die bei der Planung nicht vorhersehbar waren.

Zugegeben: Alles das mag ein wenig nach übertrieben viel Organisation anmuten. Vor allem dann, wenn Sie die Lösung der Probleme Ihres Lebens instinktiv und mit der Routine zu lösen gewohnt sind, die wir uns im Laufe der Zeit angewöhnt haben. Trotzdem sollten Sie eines nicht vergessen: Alles Leben ist Problemlösen, und es liegt an jedem selbst, ob er dieses Spiel gezielt nach eigenen Regeln spielt. Oder ob er abwartet, wie sich der Gegner im Verlauf eines Spiels verhält, um dann instinktiv darauf zu reagieren.

## *3*

# *Die Rolle von Angst, Geld und Glück, um andere für das Mitspielen zu motivieren*

Es ist schon ein paar Jahrzehnte her, seit Wissenschaftler in den USA zahlreiche Unternehmen durchleuchteten, um herauszufinden, worin der Grund für ihre herausragenden Erfolge zu suchen sei. Sie kamen zu dem Schluss: Nicht die besondere Qualität der Produkte, Werbung oder Finanzkraft waren ausschlaggebend, sondern – wie die Forscher es nannten – »die Motivation der Mitarbeiter«.

Natürlich ist das ein wenig schöngefärbt, weil ein Erfolg nie auf eine einzige Ursache zurückgeführt werden kann. Aber eines können wir daraus schließen: Wie gut wir ein Vorhaben auch organisieren, die daran beteiligten Menschen – uns selbst eingeschlossen – geben den endgültigen Ausschlag, ob es erfolgreich ist, gerade noch akzeptabel über die Bühne geht, oder ob es gänzlich misslingt.

Wie also werden Helfer für ein gemeinsames Ziel motiviert? Wobei es natürlich scheinheilig ist, von einem »gemeinsamen« Ziel zu reden. Denn in Wahrheit hat jeder Organisator zu allererst seinen eigenen egoistischen Grund, bei einer Sache mitzumachen.

Hier sind die drei häufigsten Motive:

- Die Angst. Ob es nun die Angst ist, die nächste Bankrate nicht zahlen zu können. Oder die Erkenntnis: »Lieber einen schlechten Job als gar keinen« – Angst ist die treibende Kraft.
- Das Geld. Es kann das Geld sein, um sich ein Haus zu kaufen. Oder eine Familie zu gründen. Obwohl wir alle wissen, dass heute kaum noch jemand sagt: »Ich spare das erforderliche Geld, ehe ich kaufe, was ich besitzen möchte.« Viel häufiger setzt sich die Botschaft der Schlauen durch, mit der sie ihre Opfer in die Schuldenfalle locken: »Kaufe heute, zahle später.«

Für manche Menschen ist das Geld Motiv genug, sich einer Sache zu verschreiben. Das Spiel mit dem Geld als Spielobjekt ist allerdings im Grunde genommen kein wirkliches Spiel, weil es dabei nichts Erstrebenswertes zu gewinnen gibt. Außer immer noch mehr Geld.

- Das Glück. Es macht einen beachtlichen Unterschied, ob Sie genau wissen, was Sie glücklich macht, und gezielt das Geld verdienen, es sich leisten zu können. Oder ob Sie immer mehr Geld verdienen und hoffen, das Glück würde sich mit der zunehmenden Höhe des Verdienstes irgendwie schon ganz von selbst einstellen.

Wenn es darum geht, Helfer für Ihr Vorhaben zu requirieren, ist es nicht unerheblich, deren persönliche Motivation zu kennen, um sie manipulativ nützen zu können.

Es gibt – was das Zusammenwirken von Gruppen betrifft – zwei verschiedene Ansichten: die Harmonie-Theorie und die Theorie der kreativen Spannung.

Die Harmonie-Theorie geht davon aus, dass sich eine Gruppe aus sich selbst heraus lenken und weiterentwickeln kann, wenn alle ihre Mitglieder gleichberechtigt Ideen und Leistungen einbringen und über deren Bewertung gemeinsam entscheiden.

Die Theorie der kreativen Spannung besagt, dass in einer Gruppe eine ungleich größere Dynamik entsteht, wenn die einzelnen Mitglieder im leistungsorientierten Wettbewerb zueinander stehen.

Es mag sein, dass die Harmonie-Variante den einzelnen Mitspielern mehr Selbstwertgefühl vermittelt. Dies ist allerdings nur unter der Voraussetzung möglich, dass jeder Einzelne bereit ist, nicht nur für sich, sondern auch für die ganze Gruppe die Verantwortung zu übernehmen.

So lobenswert diese Form der partnerschaftlichen Zusammenarbeit auch sein mag, sie scheitert doch in den meisten Fällen. Warum? Weil sich unweigerlich nach einiger Zeit herausstellt, dass nicht alle bereit sind, ihrer Verantwortung gerecht zu werden. Manche können es nicht, andere wollen es nicht.

Wenn dieser Zeitpunkt erreicht ist, löst sich die Harmonie-Gruppe auf, oder ein Einzelner übernimmt die Führungsrolle.

Entsprechend der Theorie von der kreativen Spannung besteht von Anfang an eine hierarchische Organisationsform. Sie bedarf eines Anführers, der die Gruppe manipulativ lenkt:

- Er gibt das Ziel vor und überzeugt jeden einzelnen Mitspieler, dass es auch sein ganz persönliches Ziel ist.
- Er legt die Taktik fest, nachdem er alle möglichen Gegner und Hindernisse studiert hat.
- Er fördert das Konkurrenzdenken in der Gruppe, nützt die Stärken und Schwächen jedes Helfers aus und spielt sie gegeneinander aus.
- Er delegiert und kontrolliert alle.

Wie Sie sehen, geht diese Variante der gruppendynamischen Organisation fast nahtlos in die Erfordernisse eines Manipulations-Spiels über.

Abschließend kann gesagt werden, dass ein Organisations-Spiel als eigenständige Spielform wenig Anreiz besitzt. Für die erfolgreiche Durchführung vieler anderer Spiele erscheint sie allerdings unverzichtbar.

## 4

## *Fünf Fragen, ehe Sie das Spiel beginnen*

1. Sind Sie ein spontaner Typ, dem alles Organisieren widerstrebt, oder gehören Sie eher zu den Leuten, die einen festgelegten Rahmen brauchen, bevor Sie eine Sache in Angriff nehmen? Danach sollten Sie Ihre Entscheidung orientieren, welche Spiel-Variante Ihren besonderen Möglichkeiten und Fähigkeiten am besten entspricht.
2. Für welche Rolle halten Sie sich am besten geeignet: schlauer Regisseur, pflichtbewusster Rollenspieler oder bescheidener Wasserträger?
3. Wie oft haben Sie schon ein Spiel nur deshalb verloren, weil Sie wie verrückt auf ein großes Ziel losgestürmt sind, aber auf halber Strecke hechelnd aufgeben mussten? In diesem Zusammenhang sollten Sie sich an die Strategie der kleinen Schritte erinnern.
4. Möchten Sie ein Lenker-Typ sein, aber Sie haben Skrupel, andere Leute manipulativ auszunützen? Welche Ursache haben diese Skrupel?
5. Wie vielen Organisationen gehören Sie eigentlich an? Und warum?

# 13. Das Demokratie-Spiel

## Das Schlagwort Demokratie erweckt bei vielen von uns die Illusion, wir seien freie Bürger, ohne selbst etwas dafür beitragen zu müssen

1. *Im Demokratie-Spiel stehen Ihnen zwei Möglichkeiten offen: Entweder Sie spielen* mit *oder Sie spielen* gegen *das System der Bevormundung*
2. *Demokratie gibt es nicht. Es sei denn, Sie übernehmen die Verantwortung für Ihre Freiheit selbst*
3. *Warum die Strategie der kleinen Gruppe dem Modell einer Demokratie am nächsten kommt*
4. *Fünf Fragen, ehe Sie das Spiel beginnen*

*1*

## *Im Demokratie-Spiel stehen Ihnen zwei Möglichkeiten offen: Entweder Sie spielen* **mit**, *oder Sie spielen* **gegen** *das System der Bevormundung*

In anderen Lebensspielen geht es vorwiegend darum, sich einem konkreten Gegner von Angesicht zu Angesicht zu stellen. Im Demokratie-Spiel stehen Sie einem System gegenüber, hinter dem Ihre Gegner auf der Lauer liegen. Aus diesem Hinterhalt nützen sie die Autorität des Staates und anderer Institutionen, um unsere Freiheit als Individuum immer weiter zu beschränken.

Jedes System dient dem Zweck, seinen Nutznießern möglichst viele Machtpositionen durch umfassende Kontrolle zu sichern. In vielen Demokratien geschieht es unter dem Vorwand, jede Unterdrückung der Freiheit des Einzelnen diene einzig und allein dem Wohle aller und sei durch die freie Wahl der Volksvertreter legitimiert.

So gesehen kann das Demokratie-Spiel in zwei Variationen gespielt werden: Entweder Sie spielen *mit*, oder Sie spielen *gegen* das System, das Ihre Entfaltung als freier Bürger beschränken will.

Wenn Sie *mit* dem System spielen, kann nicht mehr von einem Demokratie-Spiel gesprochen werden, wenn man voraussetzt, dass Demokratie etwas mit der Freiheit des einzelnen Bürgers zu tun hat. Wenn Sie ein System für Ihren eigenen Vorteil nützen wollen, unterliegen Sie den Regeln der gegenseitigen Manipulation. Sie machen sich vom System abhängig, um mit seiner Hilfe andere von sich abhängig zu machen.

Damit steht fest: Sie stehen auf der Seite der Schlauen, mit denen Sie sich als Konkurrenten im Wettbewerb um die Gunst möglichst vieler Anhänger, Wähler, Mitglieder oder Kunden streiten müssen.

Von einem echten Demokratie-Spiel kann nur gesprochen werden, wenn es um das Bemühen des Einzelnen geht, sich der Bevormundung durch das System und seine Nutznießer zu entziehen, um über sein Leben möglichst frei nach eigenen Vorstellungen entscheiden zu können.

Wenn Sie sich dieser Interpretation anschließen wollen, braucht nicht betont zu werden, dass es sich beim echten Demokratie-Spiel um die bevorzugte

Disziplin der Gescheiten handelt. Deren Lebensziel ja – wie Sie sich erinnern werden – lautet: »Ich will möglichst an jedem Tag aus eigener Kraft frei und glücklich sein.« Aus eigener Kraft.

Vermutlich stört es Sie, dass nach dem bisher Gesagten die allgemein gültige Vorstellung des Begriffes Demokratie als eine Art von »Herrschaft des Volkes« in Frage gestellt wird. Provokant formuliert bedeutet es, dass es diese Art der Demokratie gar nicht wirklich gibt.

Vielleicht interessiert es Sie, dass solche Zweifel an der Vorstellung vom Volk als Souverän nicht von ungefähr kommen. Sir Charles Popper, einer der kritischen Denker des vorigen Jahrhunderts, setzte sich damit ziemlich eindeutig auseinander.

In seinem Buch »The Open Society And Its Enemies« schlägt er vor, die berühmte Frage des griechischen Philosophen Platon »Wer soll herrschen?« ganz anders zu formulieren. Poppers Version: »Wie können wir die Konstitution eines Staates so gestalten, dass wir eine Regierung ohne Blutvergießen wieder loswerden?«

In diesem Zusammenhang vertrat er auch den einleuchtenden Standpunkt, Demokratie sollte nicht als

»Volksherrschaft« verstanden werden, sondern als »Volksgericht«, bei dem die Bürger sozusagen als Geschworene von Zeit zu Zeit ihre gewählten Vertreter aburteilen oder zum Weitermachen verpflichten.

Popper gibt allerdings zu, dass diese Vorstellung von Demokratie illusorisch sei, wenn die Abgeurteilten durch die Bildung von Koalitionen nicht abtreten müssen, sondern mit diesem Trick ihren Vorteil im Macht-Spiel weiter ausspielen dürfen.

Lassen Sie uns nach diesem Ausflug in die Philosophie und Politik zur Realität des Spiels um die eigene, individuelle Freiheit zurückkehren. Hier geht es einzig und allein um die Frage:

- Unterwerfen Sie sich dem System? Mit dem schwachen Trost: »Als Einzelner habe ich ja doch nicht die geringste Chance, an meiner Bevormundung etwas zu ändern.«
- Oder ringen Sie sich zu der Erkenntnis durch: »Wenn ich das System nicht verändern kann, dann spiele ich eben das Demokratie-Spiel nach meinen eigenen Regeln.«

Diese Entscheidung ist die Voraussetzung dafür, an einem echten Demokratie-Spiel überhaupt teilnehmen zu können.

## 2

## *Demokratie gibt es nicht. Es sei denn, Sie übernehmen die Verantwortung für Ihre Freiheit selbst*

Wenn die Teilnahme am Demokratie-Spiel mit der Entscheidung verbunden ist, seine eigenen Regeln aufzustellen, statt aussichtslos gegen ein übermächtiges System anzurennen: Welche Möglichkeiten stehen uns dabei zur Verfügung?

Die vielversprechendste Strategie lautet: Lassen Sie jede Bevormundung an sich vorbei ins Leere gehen und tun Sie nur das, was Sie selbst für richtig halten.

Mit dieser Strategie können Sie jedes Spiel für sich entscheiden, wenn Sie zwei Voraussetzungen erfüllen:

1. Sie besitzen eigene Maßstäbe und glauben an sich selbst mehr, als an irgendjemand anderen.
2. Sie sind bereit, auf alles zu verzichten, womit Sie sich von einem System abhängig machen würden.

Wenn Sie eigene Maßstäbe besitzen und deren Einhaltung selbst kontrollieren, entziehen Sie sich damit ganz automatisch der Kontrolle eines Systems, dessen Maßstäbe und Gesetze nicht zu Ihrer Freiheit, sondern zu Ihrer Bevormundung geschaffen wurden.

Und was die Macht des Verzichtens betrifft, so gehört sie zu den Horrorvisionen jedes Bevormundungs-Systems. Keine Schlachten könnten mehr geschlagen werden, wenn die große Masse der Dummen den bekannten Traum aller Pazifisten in die Tat umsetzten: »Stell Dir vor, es ist Krieg, und wir alle gehen nicht hin.«

Mit einem Schlag würde damit die gesamte Klasse der Dummen in die Klasse der Gescheiten aufsteigen, und die Schlauen müssten ihre Kriege selbst führen. Natürlich ist das nur eine übermütige Spekulation – aber wer kann uns daran hindern, ab und zu ein wenig vor uns hinzuträumen?

Stellen Sie sich einfach einmal nur vor, zehn Millionen Frauen würden sich von heute auf morgen dazu entschließen, keine Kosmetika mehr zu verwenden, weil sie zu der gar nicht so abwegigen Entscheidung gekommen wären: »Am schönsten bin ich so, wie ich bin. Warum sollte ich so aussehen, wie Millionen andere Frauen auch?«

Eine Entscheidung, von der wir alle wissen, dass sie niemals gefällt werden wird. Aber zeigt diese Möglichkeit nicht auf, wie ein ganzes System durch die Macht des Verzichtens besiegt werden könnte?

Wie immer Sie darüber denken, eines könnten Sie doch zugeben: Niemand, wirklich niemand, kann Sie daran hindern, schon ab morgen ein kleines Demokratie-Spielchen zu wagen: Steigen Sie in Ihr Auto ein und beschließen Sie, sich einen Monat lang strikt an alle Verkehrsregeln zu halten, so sinnlos sie auch sein mögen.

Lächerlich? Vielleicht. Aber könnte es nicht sein, dass Sie sich durch diese Selbst-Kontrolle der Kontrolle eines Systems entzögen, das nicht davon lebt, dass Sie und wir alle die längst unüberschaubar gewordenen Gesetze streng befolgen?

Ganz im Gegenteil. Das System redet uns zwar ein, es müsste die guten Autofahrer vor den bösen beschützen. Aber in Wahrheit lebt es davon, dass es die bösen Autofahrer gibt. Je mehr, desto besser. Denn sie geben dem System die Möglichkeit, sich immer wieder aufs Neue selbst zu bestätigen.

Was spricht also dagegen, angesichts dieser Zusammenhänge zu sagen: Die meisten Menschen unterwerfen sich der Bevormundung, ich aber bin ein Egoist und mache mein Handeln nicht davon abhängig, was alle anderen tun?

Ehe Sie diese Anregung wegen Unerfüllbarkeit ganz schnell wieder aus Ihrem Gedächtnis streichen, hier noch ein Vorschlag: Spielen Sie ein paar Sekunden mit dem Gedanken, wie Sie am Ende des Monats der Selbst-Kontrolle den Spaß genießen könnten, ein scheinbar übermächtiges Kontroll-System als kleiner David überspielt zu haben, indem Sie Goliath keine Chance gaben, Sie bei einer Übertretung zu erwischen.

Ganz abgesehen davon, dass Sie den ganzen Monat ohne die Angst im Hinterkopf, bei einer Übertretung gegen eine Vorschrift erwischt und bestraft zu werden, durch die Lande fahren könnten.

Zugegeben, scheinbar kindliche Spielereien dieser Art sind in unserer Zeit der Ungeduld und Aggression im bierernsten Alltagskampf nicht jedermanns Sache. Aber der Vorschlag könnte doch jemandem ein wenig zu denken geben, der nach Möglichkeiten sucht, sich in kleinen Schritten aus den Zwängen der Bevormundung zu befreien.

## *3*

## *Warum die Strategie der kleinen Gruppe dem Modell einer Demokratie am nächsten kommt*

Um einem Demokratie-Spiel gegen die Bevormundung größeren Nachdruck zu verleihen, gehört es zu den Erfolg versprechenden Taktiken, es als Partner-Spiel, womöglich in Verbindung mit einem Organisations-Spiel, zu inszenieren.

Sie erinnern sich sicherlich an die zwei wichtigsten Prinzipien des erfolgreichen Partner-Spiels:

- Wir wollen gemeinsam mehr erreichen, als jeder von uns allein erreichen könnte.
- Bei jedem Spiel soll für jeden der Partner mehr herauskommen, als er investiert hat.

Es ist dabei meistens von Vorteil, sich nicht nur einen, sondern mehrere Partner zu suchen. Und zwar unter diesen drei Bedingungen:

1. Sie suchen sich für jede einzelne Aktion nur die dafür am besten geeigneten Partner. Und Sie trennen sich von ihnen nach der Zusammenarbeit wieder. Denn es liegt im Wesen der kleinen demokratischen

Gruppe, dass sie jede Art von Funktionären und Institutionalisierung verhindert.
Dadurch bleibt sie flexibel und innovativ, vermeidet die Korrumpierung einzelner Mitglieder und die Etablierung von Funktionären, die keine produktive, sondern nur administrative Leistungen einbringen würden.
2. Jeder Partner ist für die Erfüllung seines Teils der Aufgabe selbst verantwortlich. Er kann also keinem anderen für einen möglichen Misserfolg die Schuld in die Schuhe schieben.
3. Alle gemeinsamen Projekte werden gemeinsam geplant und gemeinsam nach dem Prinzip kontrolliert: Wichtig ist nicht, wer Recht hat, sondern was recht ist.
Was bei der Beurteilung der Leistung jedes Mitglieds zählt, ist allein der Vergleich des erreichten Ergebnisses mit der Zielsetzung, die vorher festgelegt wurde.

Kleine effiziente Gruppen, die nach diesen Prinzipien für ein Demokratie-Spiel organisiert werden, können in allen Bereichen unserer Gesellschaft tätig werden:
• Im Rahmen einer Großfamilie, die sich in der Variante des »Family-Business« organisiert, wie sie in manchen Familienbetrieben noch üblich ist.

• Als politische Aktions-Gruppe, die in einer Kommune Miss-Stände aufdecken oder korrupte Funktionäre absetzen will.
Dies kann, aber muss nicht auf eine so abschreckende Weise geschehen, wie vor einigen Jahren in einer französischen Kleinstadt. Dort hatten sich zornige Bürger dazu hinreißen lassen, den gesamten Gemeinderat geteert und gefedert nackt durch die Straßen zu jagen, weil die Volksvertreter das Geld für den Bau eines Kindergartens in die eigenen Taschen gesteckt hatten.
• Immer öfter werden kleine Aktions-Gruppen auch in Unternehmen als so genannte »Profit-Center« eingerichtet, in denn alle Beteiligten am selbst erwirtschafteten Erfolg beteiligt sind.

»Wann«, fragen Sie jetzt vielleicht, »kann bei solchen Projekten von einer demokratischen Gruppe gesprochen werden, und wo handelt es sich um eine hierarchische Struktur?«

Dazu kann gesagt werden: In einem reinen Demokratie-Spiel hat die Erringung oder Erhaltung persönlicher Freiheit den absoluten Vorrang.

In einer hierarchischen Gruppe, die durchaus demokratisch organisiert sein kann, steht nicht die Freiheit der Einzelnen, sondern die Erfüllung eines anderen gemeinsamen Ziels im Vordergrund. Für dieses Ziel können die Partner bewusst auf ihre persönliche Freiheit – zumindest auf einige Zeit – verzichten und sich einer hierarchischen Führung unterordnen.

Wenn alle Partner der Gruppe sich darauf einigen, kann ein gemeinsames Vorgehen als Demokratie-Spiel bezeichnet werden.

Erst kürzlich wurde in einer Gruppe unter anderen auch die Frage diskutiert, ob ein Bankraub als Demokratie-Spiel legitimiert sei, wenn das erbeutete Geld dazu diene, jedem Mitglied die Befreiung von seinen Kreditschulden zu ermöglichen. Dies sei schließlich ein klassischer Fall, in dem persönliche Freiheit von fremder Abhängigkeit eindeutig im Vordergrund stünde.

Unter Partnern, die als ihre größten Gegner Bevormundungs-Systeme wie Banken ausgemacht haben, sind solche Überlegungen legitim. Sie entsprechen – zumindest theoretisch – der Erfordernis, nach eigenen Regeln zu leben und damit der Bevormundung und Abhängigkeit zu entgehen. Praktisch allerdings bedeutet es maximales Risiko.

Entscheidungen über ähnliche Fragen muss jede Gruppe selbst treffen, weil sie letzten Endes allein Risiko und Verantwortung zu tragen hat. Wenn die Mitglieder bei einer kriminellen Handlung erwischt werden, geht schließlich der hohe Anspruch nach Freiheit verloren. Es sei denn, die Betroffenen haben jenen hohen Grad an Verzichtbereitschaft erlangt, um sagen zu können: »Wir sind so frei, dass wir uns auch im tiefsten Gefängnis frei fühlen.«

Gegen dieses Phantasie-Spiel ist jede Staatsgewalt machtlos. Denn wer bereit ist, sogar auf sein oberstes Ziel Freiheit zu verzichten, ist von niemandem mehr erpressbar.

Wenn Sie nach allem, was hier gesagt wurde, darüber spekulieren sollten, ob es so etwas wie eine Demokratie in unseren Ländern nun gibt oder nicht, hilft Ihnen dabei vielleicht der abschließende Hinweis: Vermutlich beginnt jede Demokratie damit, dass Sie selbst sie verwirklichen. Statt sie ständig von irgendjemandem zu fordern. Oder, um es anders zu formulieren: Niemand gibt Ihnen Ihre Freiheit, es sei denn, Sie tun es selbst.

## 4

## *Fünf Fragen, ehe Sie das Spiel beginnen*

1. Ehe Sie ein Demokratie-Spiel beginnen, sollten Sie sich fragen, ob es Ihnen tatsächlich um Ihre persönliche Freiheit oder um etwas ganz anderes geht.
2. Haben Sie jemals ein Angebot abgelehnt, das mit mehr Geld, aber mit weniger persönlicher Freiheit verbunden war?
3. Für welche Personen fühlen Sie sich mehr verantwortlich als für sich selbst, und halten Sie das überhaupt für möglich?
4. Fühlen Sie sich schuldig, wenn Sie eine Vorschrift oder ein Gesetz missachten, obwohl Sie es für völlig sinnlos und menschenverachtend halten?
5. Haben Sie eigentlich jemals konkret definiert, wo Ihre persönliche Freiheit beginnt – und wo sie endet?

# 14. Das Endspiel

## Sie können in Ihrem Leben tausend Gegner besiegen – eines Tages kommt der Augenblick, in dem Sie erkennen müssen, dass Sie nicht unbesiegbar sind

*1. Warum es gewisse Vorteile hat, nach dem Prinzip von Hier und Jetzt zu leben. Und zu sterben*
*2. Wie wir vor den entscheidenden Fragen des Lebens flüchten, statt sich ihnen zu stellen*
*3. Mit dem Tod verhält es sich so, wie mit einem Partner-Spiel: Sie können es mit oder gegen den Partner spielen*
*4. Fünf Fragen, ehe das letzte Spiel beginnt*

## *1*

## *Warum es gewisse Vorteile hat, nach dem Prinzip von Hier und Jetzt zu leben. Und zu sterben*

Bei keinem anderen der in diesem Buch beschriebenen Lebensspiele zeigt sich der Unterschied zwischen Kämpfen und Spielen so deutlich wie bei unserer Einstellung zum Sterben.

Im Kampf ist der Tod ein kalkuliertes Ziel, um einen endgültigen Sieg zu erringen, bei dem – wie im Machtkampf – jeder Feind ausgeschaltet werden muss, der die Machtausübung gefährden könnte. Um ein Spiel spielen zu können, gilt das Gegenteil. Hier ist nichts endgültig. Jeder Gegner erhält immer wieder eine neue Chance. Das Gesetz des Spielens lautet: leben und leben lassen.

Es ist nicht verwunderlich, dass in Zeiten der Ungeduld und Aggression mehr von »Lebenskampf« und »Todeskampf« die Rede ist als von der Vorstellung des Sterbens als ein Spiel, das wir nach eigenen Vorstellungen gestalten können. Noch dazu als einen fröhlichen Abgang von der Bühne.

Für manche von uns mögen solche Fragen ohne Bedeutung sein. Sie sagen: »Ich weiß, dass ich am Tod nichts ändern kann, warum soll ich mir darüber jetzt schon den Kopf zerbrechen?« Eine durchaus praktikable Einstellung.

Sie ist allerdings nur dann effektiv, wenn sich jemand diese Gelassenheit schon zu Lebzeiten angeeignet hat. Sonst handelt es sich vermutlich nur um eine Schutzbehauptung, wie etwa auch das bekannte: »Ich fürchte den Tod nicht. Nur vor dem Sterben habe ich Angst.« Genauso unwahrscheinlich ist es, dass jemand, der sein ganzes Leben als Kampf geführt hat, imstande wäre, den Tod gelassen hinzunehmen.

Das Sterben ist ein Bestandteil des Lebens, in dem sich alle Elemente fokussieren, die unser Leben bestimmt haben. Wenn es die Angst war, ist anzunehmen, dass auch im Endspiel die Angst unser größter Gegner ist.

Unser Gegner? Könne es nicht sein, dass unser Sterben das Ende jeder Gegnerschaft bedeutet, weil es sinnlos ist, sich zur Wehr zu setzen? Aber genauso wenig würde es nützen, wenn wir versuchen wollten, den Tod »an mir vorbei ins Leere gehen« zu lassen. Eine Strategie, von der zuletzt im Demokratie-Spiel die Rede war.

Wenn wir das Endspiel unter diesen Voraussetzungen betrachten, gibt es drei mögliche Strategien:

- Wer sein Leben lang gekämpft hat, kämpft vermutlich auch bis zuletzt gegen seinen Tod an, obwohl er irgendwann einmal doch zur Kenntnis nehmen wird müssen, dass er auf verlorenem Posten steht.
- Wer sein Leben lang vor der Realität des Lebens in eine Scheinwelt geflüchtet ist, dem stehen im Endspiel viele Möglichkeiten offen. Zum Beispiel die Inszenierung als Phantasie-Spiel vom Weiterleben in einer schöneren Welt im Jenseits.
- Wer sein Leben nach dem Prinzip des Hier und Jetzt lebte, hat wahrscheinlich die besten Chancen, im Endspiel noch einen Sieg über sich selbst und seine Ängste zu erringen.

Das Prinzip vom Leben im Hier und Jetzt geht davon aus, dass wir in drei zeitlichen Dimensionen leben:

- In der Gesamtheit unseres Lebens.
- An jedem Tag.
- Und in jedem Augenblick, als die kleinste Zeiteinheit unseres Lebens.

So lautet auch die Regel der Gescheiten: »Ich lebe mein Leben jetzt und hier und so, wie es jedem Augenblick entspricht.«

Mit anderen Worten: Ich erlebe jeden Augenblick vollkommen konzentriert auf das, was hier und jetzt geschieht, und weine weder dem Gestern nach, noch fürchte ich mich vor dem, was morgen auf mich zukommen könnte.

So gesehen wird an jedem Tag und in jedem Augenblick unseres Lebens ein kleines Endspiel gespielt. Immer im Glauben daran, dass wir den nächsten Augenblick so bewältigen werden, wie es ihm entspricht.

Auch den letzten Augenblick unseres Lebens, bevor der Tod eintritt.

## 2

## *Wie wir vor den entscheidenden Fragen des Lebens flüchten, statt sich ihnen zu stellen*

Wie es scheint, ist nicht der Tod selbst das Problem, mit dem wir uns im Endspiel auseinander setzen müssen, sondern die Art, wie wir gelebt haben.

Waren wir auf der Flucht vor uns selbst. Oder waren wir auf der Suche nach uns?

Wenn Sie auf der Flucht waren, wovor sind Sie davongelaufen? Und wohin? Und was haben Sie dort gefunden? Sich selbst. Oder doch wieder nur die Angst, sich als den zu finden, der Sie gar nicht sein wollen?

Sie können es drehen und wenden, wie Sie möchten, Sie können sich in intellektuelle Floskeln flüchten oder in die Allgemeinplätze, mit denen man uns erzogen hat: Im Endspiel müssen Sie die Schminke aus dem Gesicht wischen, den Schlüssel für Ihren Mercedes abgeben und die Hosen herunterlassen.

Und Sie müssen in den Spiegel schauen und sich die Frage stellen: Wer bin ich. Was habe ich mein ganzes Leben lang aus mir gemacht?

Im Endspiel stehen Sie sich selbst gegenüber. Was sind Ihre allerletzten Worte, die Sie sich zu sagen haben in diesem Finale aller Spiele, die Sie jemals gespielt haben? Und Sie können sich fragen: War ich ich selbst und habe ich mein Leben gelebt. Oder war ich nur ein Statist in einem Spiel, das andere für mich inszeniert haben?

Vielleicht ist genau das die eine wirklich bedeutende Frage, vor der Sie ein Leben lang geflüchtet sind. Auf der Suche nach Geld, nach Macht, nach Anerkennung, nach Zuneigung oder nur nach dem bisschen Glück, das Sie in allem Überfluss des Angebots aus den Augen verloren haben.

Wie es scheint, spitzt sich im Endspiel des Lebens alles darauf zu, ob wir imstande waren, das Spiel mit unserem größten Gegner zu gewinnen: der Angst in ihren vier Variationen:

- Der Angst, etwas falsch zu machen und dafür bestraft zu werden.
- Der Angst, etwas zu verlieren, woran man uns gewöhnt hat.

- Der Angst vor dem Unvorhersehbaren.
- Und der Angst, etwas zu versäumen.

Auch wenn Sie heute alles das für unbedeutend halten, eines Tages entscheidet es darüber, ob Sie das letzte Spiel gewinnen werden. Oder nicht.

## 3

## *Mit dem Tod verhält es sich so, wie mit einem Partner-Spiel: Sie können es mit oder gegen den Partner spielen*

In jedem Spiel gibt es diese zwei Alternativen: Spiele ich es allein, oder spiele ich es mit einem Partner, um mit ihm gemeinsam mehr zu erreichen, als ich allein erreichen könnte. Aber weil sich erst im Spiel erweist, ob ein Gegner der richtige Partner sein könnte, bleibt uns die Entscheidung nicht erspart, ihn anzunehmen oder nicht.

So gesehen beginnt das Endspiel des Lebens mit der Frage: Wehre ich mich gegen den Tod als einen Gegner, den ich niemals besiegen kann. Oder freunde ich mich mit ihm an, um schließlich mit ihm eins zu werden?

Vielleicht irritiert Sie diese Behauptung ein wenig. Allerdings nur dann, wenn Sie niemals die Frage geklärt haben: Bleiben die Ängste für alle Zeit mein größter Feind, oder gehe ich auf sie zu, um sie zu meinen besten Freunden zu machen?

- Da ist die Angst, etwas falsch gemacht zu haben

und dafür bestraft zu werden. Wer sollte Sie bestrafen, wenn Sie die Verantwortung für Ihr Handeln selbst getragen haben?
Es sei denn, Sie haben ein Leben in dem Glauben gelebt, eines Tages müssten Sie sich irgendwann und irgendwie vor einem höheren Gericht verantworten. Dann allerdings ist Ihre Angst vor der Ungewissheit nicht unberechtigt.

- Da ist die Angst, etwas zu verlieren, woran man Sie gewöhnt hat. Wenn Sie aber im Leben gelernt haben, auf alles zu verzichten, was Sie von irgendetwas oder irgendjemanden abhängig macht, gibt es auch im Sterben nichts, woran Sie sich klammern müssten.
- Da ist die Angst vor dem Unvorhersehbaren. Wenn Sie im Hier und Jetzt gelebt haben, dem Gestern nicht nachweinen und sich nicht vor dem fürchten, was morgen auf Sie zukommen könnte – welchen Grund gäbe es dann, sich vor dem Tod zu fürchten? Schließlich wissen wir alle nicht, ob er uns morgen ereilt oder erst in zehn Jahren.
- Und da ist schließlich noch die Angst, im Leben etwas zu versäumen. Was könnte das sein, wenn Sie wissen, was Sie wollen, und es sich aus eigener Kraft an jedem Tag erfüllen? Den Wunsch mit eingeschlossen, eines Tages fröhlich zu sterben.

Wie Sie sehen, gibt es im Endspiel nichts, was Sie fürchten müssten, wenn Sie die Spiele des Lebens um Freiheit und Glück nach Ihren eigenen Vorstellungen und Regeln gespielt haben.

Wenn es wirklich stimmt, dass sich im Endspiel unser ganzes Leben fokussiert, dann zeigt es sich jetzt endgültig, wie frei oder wie abhängig wir waren.

Zu den bemerkenswerten Künsten des Lebens – wie sie in der »Egoisten-Bibel« beschrieben werden – gehört die Fähigkeit des Loslassens und Zulassens. Darüber heißt es:

- Du lässt alles los, was Dich belastet und krank macht. Du lässt alles zu, was Dich frei und glücklich macht.
- Wenn Du im Leben lebst, im Sterben stirbst und eins mit Dir und dem Kosmos bist, gibt es nichts, was Du fürchten müsstest.

Im Leben zu leben und, wenn die Zeit gekommen ist, es loszulassen und den Tod anzunehmen als das endgültig Unvermeidliche. Ist das nicht die Fähigkeit, die wir alle besitzen möchten?

Was tun wir, um uns diese Fähigkeit anzueignen, solange wir noch die Möglichkeit dazu haben?

Vielleicht gibt es wirklich nur eine einzige Antwort auf diese Frage: So frei und glücklich im Hier und Jetzt zu leben, wie wir sterben möchten. Statt sich bis zum letzten Augenblick an alles das zu klammern, was wir erreichen wollten aber nie erreichen konnten, weil wir uns nie dazu entschließen konnten, unser Leben selbst in die Hand zu nehmen.

# 4

## *Fünf Fragen, ehe das letzte Spiel beginnt*

1. Was möchten Sie in Ihrem Leben unter allen Umständen noch tun, bevor Sie sterben? Warum tun Sie es nicht sofort. Oder können Sie ganz sicher sein, dass nicht schon morgen alles zu Ende ist?
2. Wie sehen Sie den Tod, als Gegner des Lebens oder als Partner im Endspiel? Oder wollen Sie heute noch gar nicht daran denken?
3. Was sollten Sie in Ihrem Leben noch ändern, um so zu leben, wie Sie sterben möchten?
4. Gibt es tatsächlich ein besseres Leben nach dem Tod. Oder hoffen Sie es nur, weil Sie es nicht schaffen, aus dem Leben vor dem Tod das Beste für sich zu machen?
5. Wie stellen Sie sich jetzt, nach allem, was Sie hier gelesen haben, eigentlich selbst Ihr Endspiel vor?

## *Nachwort*

Liebe Leser, »Die Spiele des Lebens« sind das letzte von vier Büchern eines Programms, das unter dem Motto »Anleitungen fürs Leben« in den vergangenen Jahren veröffentlicht wurde.

Jedes dieser Bücher ist ein Versuch, den interessierten Leser Schritt für Schritt mit einer Strategie des Lebens vertraut zu machen, die für manche ungewohnt ist. Es geht dabei nicht um mehr Erfolg, bessere Geldanlagen, Schönheitsrezepte oder Fitness-Anleitungen. Eher ist das Gegenteil der Fall. Es geht um eine Strategie der Rückkehr zu sich selbst.

»Der wahre Fortschritt unserer Zeit ist die Rückkehr zu sich selbst« heißt es unter anderem im ersten Buch mit dem Titel »Die Egoisten-Bibel – Zuerst ich, dann die anderen«. Es stellt die Grundlage eines Lebens für Gescheite dar, die nicht mehr bereit sind, sich ein- und unterzuordnen, sondern einen Weg zum selbstverantwortlichen Leben eines mündigen Bürgers suchen.

Der zweite Band, »Das Egoisten-Training – Glaube keinem, nur Dir selbst«, enthält ein konkretes

Programm der sieben Schritte, sein Leben nach eigenen Vorstellungen zu planen und zu verwirklichen.

Weil das Prinzip des gesunden Egoismus lautet: »Erst wenn ich meine eigenen Probleme lösen kann, bin ich imstande, mit einem Partner die gemeinsamen Probleme zu lösen«, enthält der dritte Band, »Das Partner-Training – Zuerst allein, dann gemeinsam«, viele Anregungen, das Gegeneinander in vielen Partnerschaften durch das Miteinander zu ersetzen.

Wenn es in diesen drei Bänden vorwiegend darum ging, seine Individualität zu erkennen und zu trainieren, sind »Die Spiele des Lebens« eine Ermunterung, im Alltag des Lebens die Strategie des selbstbestimmten Lebens in der Praxis umzusetzen. Nicht als Kampf, sondern spielerisch.

Vielleicht ist das in allen vier Büchern immer wieder empfohlene Lebensziel, möglichst an jedem Tag aus eigener Kraft frei und glücklich zu sein, für manchen Leser zu hoch gesteckt.

Mag sein. Aber wer aus seinem Leben nicht mehr machen möchte als das, was andere zulassen, kann sich mit diesem Programm damit trösten, dass er wenigstens gewusst hätte, wie man frei und glücklich leben könnte. Auch wenn es ihm letzten Endes doch zu mühsam war, sich auf einen Versuch einzulassen.

Wie immer Sie zu den Fragen von Egoismus und Freiheit, Selbstverantwortung oder Bevormundung stehen, Ihr Glück und Ihre Freiheit hängen nicht davon ab, welche Meinung Sie dazu haben. Sondern einzig und allein davon, was Sie *tun*.